LA
PHOTOGRAPHIE
ET LE DROIT

PAR

A. BIGEON

Avocat à la Cour d'Appel
Lauréat de la Faculté de droit de Paris
Diplômé de l'École des Sciences Politiques

———

NOUVELLE ÉDITION REVUE ET AUGMENTÉE

———

PARIS
CHARLES MENDEL
LIBRAIRE-ÉDITEUR
118, rue d'Assas, 118

LA

PHOTOGRAPHIE
ET LE DROIT

LA
PHOTOGRAPHIE
ET LE DROIT

PAR

A. BIGEON

Avocat à la Cour d'Appel
Lauréat de la Faculté de droit de Paris
Diplômé de l'École des Sciences Politiques

NOUVELLE ÉDITION REVUE ET AUGMENTÉE

PARIS
CHARLES MENDEL

LIBRAIRE-ÉDITEUR
118, rue d'Assas, 118

Lorsqu'en janvier 1892 parut La Photographie devant la loi et la jurisprudence, on s'aperçut, chose rare, que le sujet abordé dans cet ouvrage était neuf. Jusque là, malgré l'importance des intérêts en jeu, on n'avait point songé à envisager les problèmes juridiques concernant la photographie.

L'exemple fut aussitôt suivi en Belgique, en Italie, en Autriche.

Mais, à côté des problèmes spéciaux agités et étudiés par l'auteur, d'autres hypothèses furent soulevées, à mesure que la photographie, dans son évolution rapide, entrait plus profondément dans nos mœurs et multipliait ses applications.

Une foule de questions litigieuses surgissait.

M. A. Bigeon y répondait, soit dans ses articles de jurisprudence publiés par les journaux, notamment par La Photographie, soit dans ses intéressantes conférences à la Société des Amateurs photographes, dont il est membre honoraire.

L'élément juridique prenait désormais une place marquée et définitive dans les revues hebdomadaires et mensuelles.

Sur nos conseils, l'auteur comprit la nécessité de grouper ces études éparses, d'en faire un nouvel ouvrage plus récent, plus complet, plus pratique que le précédent.

Ce fut alors que parut La Photographie et le Droit, dont le succès a répondu à nos prévisions ; et c'est justice.

Quelle que soit cette dernière œuvre, qui certes ne peut donner solution à la multitude des procès présents et futurs, — l'auteur d'ailleurs n'a jamais osé le prétendre, — nul ne pourra contester à M. A. Bigeon d'avoir donné à une matière inexplorée un essor tout nouveau et une impulsion telle, qu'elle contribuera, nous l'espérons, à fixer les hésitations de la jurisprudence actuelle et à accroître, soit dans la pratique, soit dans la législation, l'importance de la photographie (1).

GASTON-HENRI NIEWENGLOWSKI, directeur du Journal
La Photographie, président de la Société des
Amateurs Photographes.

(1) Extrait du Journal La Photographie n° 21, novembre 1893, page 325.

AVERTISSEMENT

DE CETTE NOUVELLE ÉDITION

Cette édition diffère assez notablement des précédentes. Le titre de l'ouvrage a été modifié et se trouve plus exact. Bien que le plan général soit reproduit, un grand nombre de points ont été retranchés, ajoutés, mis au courant de la jurisprudence la plus récente.

Quelques pages éparses çà et là ont seules conservé leur caractère primitif.

Ces modifications importantes ont été imposées par la fusion du présent livre avec un précédent ouvrage écrit en 1891 : *La Photographie devant la loi et la jurisprudence.*

L'auteur a pensé que sur cette matière spéciale, un seul monument avait sa raison d'être.

Malgré ces améliorations, l'ouvrage, quoique plus complet, plus épuré, reste ce qu'il était, c'est-à-dire, non seulement une étude juridique mais encore une œuvre « d'utilité pratique, un livre où tous les photographes, amateurs aussi bien que professionnels, puissent cueillir quelques conseils juridiques relativement à leur art et à leur industrie. » (1)

Rosny-sous-Bois, juillet 1893.

(1) *Préface de la première édition, maintenant épuisée, de* La Photographie devant la loi et la jurisprudence *(reproduite plus loin.)*

PRÉFACE

Le seul but de l'auteur en rédigeant cet opuscule a été de combler une lacune et de faire une œuvre d'utilité pratique, un livre où tous les photographes, — amateurs aussi bien que professionnels, — pussent cueillir quelques conseils juridiques relativement à leur art et à leur industrie.

Peu de livres, croit-il, ont traité de cette matière. Une ou deux brochures, quelques articles de journaux n'envisageant que la question de l'art dans la photographie, pouvaient seuls être consultés. C'était une lacune regrettable, et d'autant plus regrettable, qu'en portant devant les tribunaux des questions concernant la photographie, demandeurs et défondeurs demeurent souvent incertains de leurs droits en présence des controverses et des discussions sans nombre qui existent. Notre législation actuelle donne lieu en effet à des interprétations contradictoires. La propriété artistique est régie en France par le décret-loi des 19-24 juillet 1793; son application a été et est encore fort contestée aux œuvres photographiques. Les tribunaux de première instance hésitent ; la jurisprudence des cours d'appel et de la cour de cassation, après de longs tâtonnements, a établi un système d'appréciation fort contestable, à notre avis, et dont nous avons essayé d'énumérer tous les inconvénients pratiques. Au reste, son évolution ne peut être considérée comme terminée, et menace de se continuer jusqu'à l'avénement d'un texte législatif formel.

Montrer toutes les conséquences qui résultent de l'absence d'un texte précis ; — faire ressortir les avantages juridiques et pratiques qui naîtraient de l'insertion d'une simple ligne, ou même d'un seul mot dans une loi quelconque ; — enfin, du fatras des nombreux monuments contradictoires de la jurisprudence, relatifs à la photographie, essayer de dégager des principes ; — tel est l'esprit dans lequel nous avons traité les célèbres questions de l'art en photographie, de la contrefaçon, du photographe commerçant, des photographies obscènes et de la propriété du phototype négatif.

Après quoi nous avons cru qu'il était bon d'ajouter quelques considérations, basées toujours sur des arrêts de tribunaux, relativement au droit de photographier, et aux autorisations et formalités nécessaires, chapitres qui pourront être de quelque intérêt, l'un pour l'amateur, l'autre pour le photographe de profession.

Un rapide exposé sur la protection des œuvres photographiques dans les divers pays, d'après le Congrès de 1891, permettra d'envisager l'état des législations étrangères et de juger de l'infériorité de notre pays à cet égard.

Aussi n'avons-nous pas négligé de parler de la proposition de loi de M. Philippon, dé-

posée sur les bureaux de la Chambre, actuellement à l'ordre du jour, reconnaissant que
la protection attachée à la propriété artistique
et littéraire doit s'étendre à la photographie.
Nous serions de l'avis de ceux qui désireraient
la voir l'objet d'une loi spéciale ; d'aucuns
demandent de ranger la photographie parmi
les arts graphiques ; nous verrons quelle sera
l'opinion du législateur appelé à résoudre la
difficulté.

En résumé, pas de législation ; une jurisprudence obscure, dans laquelle nous avons
essayé de jeter quelque lumière.

Puisse, dans l'attente d'un nouvel état de
choses, notre livre paraitre utile à quelques
personnes.

Paris, janvier 1892.

INTRODUCTION

LA LÉGISLATION FRANÇAISE ACTUELLE

CHAPITRE I

DE LA LÉGISLATION FRANÇAISE RÉGISSANT ACTUELLEMENT LES ŒUVRES PHOTOGRAPHIQUES

1. Absence de lois. — 2. Le décret-loi de 1793, et le Code pénal ; l'art. 1382 du Code civil.— 3. La jurisprudence — 4. Remède possible à l'état actuel ; opinion de M. Pouillet; Convention de Berne ; Congrès de Londres et de Bruxelles. — 5. Tentative de MM. Bardoux et Philippon.

Quel que soit son titre, art ou industrie, — ce qu'il faudra établir (1),— et bien que s'imposant par des applications multiples et variées, par des services rendus quoditiennement à la science et aux arts, la photographie, il faut malheureusement l'avouer, n'est régie en France

(1) Voir chapitres II et III.

par aucune loi spéciale. C'est en vain qu'on parcourt les nombreuses séries de lois ou décrets, concernant tant la propriété industrielle que la propriété littéraire et artistique, on ne la trouve même pas nommément mentionnée; aucune admission, aucune exclusion! Elle a pourtant des droits à défendre et des principes à invoquer; aussi les prétentions qu'elle émet à être juridiquement classée sont-elles légitimes.

Mais à ses revendications qu'elle fait valoir depuis sa naissance, le législateur reste sourd; et dans l'attente, les auteurs d'une œuvre photographique ne trouvent à invoquer que certaines dispositions générales, éparses çà et là dans le Code civil (art. 1382) et dans le Code pénal (art. 425 à 427), ou qu'un nombre excessivement restreint de lois sur la propriété artistique.

A proprement parler ils n'ont qu'un seul texte sérieux, le décret-loi des 19-24 juillet 1793; encore son application à la photographie lui est-elle fort contestée.

La loi du 18 mars 1806 est, en effet, interdite aux photographes, car une photocopie ne peut en aucune façon être assimilée ni aux *dessins de fabriques* destinés à décorer divers objets, ni aux *modèles industriels*, modifiant non l'aspect, mais la forme de ces mêmes objets.

D'autre part, impossibilité absolue de faire appel à la loi du 5 juillet 1844, qui n'accorde sa protection qu'aux *inventions brevetées*.

Reste donc ce décret-loi(1), des 19-24 juillet 1793, relatif aux droits de propriété des auteurs d'écrits en tout genre, compositeurs de musique, peintres et dessinateurs, conçu en termes assez vagues pour qu'il comprenne toutes les œuvres intellectuelles quel qu'en soit le mode de manifestation (2). Les articles 1, 6 et 7 combinés, malgré controverse, peuvent cependant les régir.

Eu égard aux discussions juridiques qu'ils entraînent dans la pratique, en matière de photographie, il est important d'en connaître les termes, et les expressions mêmes :

ART. 1. — Les auteurs d'écrits en tout genre, les compositeurs de musique, les peintres et les *dessinateurs* qui feront graver des tableaux ou dessins, joui-

(1) Le décret, sous les Assemblées de la Révolution, a non seulement le sens, mais la force et la généralité d'une loi moderne.

(2) Voir ledit décret *in extenso* à l'appendice.

ront, durant leur vie entière, du droit exclusif de vendre, faire vendre, distribuer leurs ouvrages dans le territoire de la République et d'en céder la propriété en tout ou en partie (1).

. . . .

ART. 6. — Tout citoyen qui mettra au jour un ouvrage, soit de *littérature* ou de *gravure, dans quelque genre que ce soit*, sera obligé d'en déposer deux exemplaires à la Bibliothèque nationale ou au cabinet des estampes de la République, dont il recevra un reçu signé par le bibliothécaire ; faute de quoi, il ne pourra être admis en justice pour la poursuite des contrefacteurs.

ART. 7. — Les héritiers de l'auteur d'un ouvrage de

(1) Cet article 1 du décret-loi de 1793 s'exprime sur les arts de dessin ; les arts plastiques et la sculpture, pourtant fort cultivés à l'époque de sa rédaction, se trouvaient omis dans le texte. Il est évident que c'était là un simple lapsus, un oubli complet. La jurisprudence l'a aussitôt réparé ; elle a même été jusqu'à écarter toute distinction entre la sculpture artistique proprement dite et la sculpture industrielle.

D'où vient alors ses hésitations en matière de photographie, ses craintes de trop s'écarter du texte pour éteindre le débat envenimé qui existe sur ce sujet ? Certes, la photographie, dont la naissance est de beaucoup postérieure à la confection dudit décret ne pouvait s'y trouver mentionnée. — Mais la jurisprudence ne pourrait-elle admettre *par fiction* que la photographie tantôt artistique, tantôt industrielle, se trouvât visée au même titre que la sculpture dans le décret de 1793, et qu'il n'y eût là qu'un oubli fort réparable ? Nous reviendrons d'ailleurs sur cette question (ch. III).

littérature ou *de gravure, ou de toute autre production de l'esprit, ou du génie qui appartiennent aux beaux-arts,* en auront la propriété *exclusive pendant dix années* (1).

Une loi postérieure, du 14 juillet 1866, sur « les droits des héritiers et des ayants cause d'auteurs ou d'artistes », a porté à cinquante ans la jouissance des droits d'auteurs ou artistes qui, dans la loi précédente, n'était que d'une durée de dix ans après le décès des auteurs; — cependant, quant à la veuve de l'artiste décédé, le droit lui est transmis viagèrement.

Art. 1. — La durée des droits accordés par les lois antérieures aux héritiers, successeurs irréguliers, donataires ou légataires des auteurs, compositeurs ou *artistes,* est portée à *cinquante ans* à partir du décès de l'auteur.

.   .   .   .

***

La conséquence de ces lois pour le photographe, considéré alors comme artiste dessi-

(1) C'est à ce privilège ainsi limité de reproduction qu'on a donné le nom de propriété littéraire et de propriété artistique.

nateur, serait de le protéger contre la contrefaçon et de le mettre sous la sauvegarde des articles 425, 426 et 427 du Code pénal de 1810.

Art. 425. — Toute édition d'écrits, de composition musicale, *de dessin*, de peinture, ou *de toute autre production* imprimée ou gravée en entier ou en partie, au mépris des lois et réglements relatifs à la propriété des auteurs, est une contrefaçon ; et toute contrefaçon est un délit.

Art. 426. — Le délit d'ouvrages contrefaits, l'introduction sur le territoire français d'ouvrages qui, après avoir été imprimés en France, ont été contrefaits chez l'étranger, sont un délit de même espèce.

Art. 427. — La peine contre le contrefacteur ou contre l'introducteur sera une amende de cent francs au moins et de deux mille francs au plus ; et contre le débitant, une amende de vingt-cinq francs au moins et de cinq cents francs au plus.

La confiscation de l'édition contrefaite sera prononcée, tant contre le contrefacteur que contre l'introducteur et le débitant.

Les planches, moules ou matrices des objets contrefaits seront aussi confisqués (1).

Tels sont les articles du Code pénal que

(1) Voir relativement aux peines édictées contre la contrefaçon les articles 3, 4, 5 du décret de 1793 à l'appendice.

l'artiste peut invoquer contre la contrefaçon.

Ces dispositions assurent, selon les termes
du rapporteur de la loi, « ces productions
des arts, ces fruits de l'esprit, de l'imagination
et du génie, qui servent à l'ornement et à la
gloire d'une nation, et qui sont des propriétés
d'autant plus chères à l'homme qu'elles lui
appartiennent plus immédiatement, et sont en
quelque sorte une partie de lui-même. »

Si donc, — comme le veut un système, — vous
enlevez au photographe la qualité d'artiste,
tout cet échafaudage de lois et de textes pré-
cités tombe, et à défaut de lois spéciales, il
ne lui reste plus que l'article laconique et
général du Code civil :

Art. 1382. — Tout fait quelconque de l'homme qui
cause à autrui un dommage, oblige celui par la faute
duquel il est arrivé à le réparer.

Législation insuffisante, il faut en convenir,
surtout si on a égard aux services que peut
rendre la photographie et à la place qu'elle
prend dans la science actuelle.

Mais, diront les adversaires n'avez-vous pas la *jurisprudence* ?

Là encore, et plus qu'ailleurs, on rencontre à chaque pas des tâtonnements, des hésitations ; malgré plusieurs arrêts de la cour d'appel de Paris et de la cour de cassation, les avis sont malheureusement trop partagés ; la jurisprudence, incertaine, n'osant se prononcer, a admis, nous le verrons, un système mixte plus dangereux encore, et qui donne libre carrière à la lutte des partis.

Un pareil état de chose ne saurait donc subsister.

« L'œuvre photographique est une propriété, — dit M. Taine, le célèbre philosophe de l'art ; — elle appartient au producteur au même titre que la planche gravée appartient au graveur, et, dans les deux cas, la propriété doit être protégée. »

Outre cette considération, il s'agit ici d'une matière spéciale, où tout doit être clair et précis, et où il ne faut pas que l'on soit exposé à commettre un délit sans le savoir. Tôt ou tard on devra résoudre ce dilemne juridique :

Ou la photographie n'est pas une œuvre artistique, et il faut lui refuser la protection du décret de 1793 ; — ou elle est un art, et elle rentre alors dans la catégorie des dessins.

Cependant, sur ce terrain, la lutte, loin de se terminer, menace de s'éterniser.

* *

Pourquoi la France, qui est un des rares pays où la question se pose, n'imiterait-elle pas les législateurs étrangers chez lesquels le problème semble résolu ?

Si on les étudie, deux groupes bien distincts apparaissent :

A. — D'un côté, les œuvres photographiques jouissent du même traitement que les œuvres artistiques : en Espagne (loi du 10 janvier 1879) ; — en Autriche (loi du 19 octobre 1846) ; — en Russie (règlement de 1886-88) ; — en Grande-Bretagne (art. 2, *International Copyright Act* de 1886) ; — au Mexique (art. 1306 du Code de 1871) ; — dans la principauté de Monaco (loi du 27 février 1889, art. 2) etc (1).....

(1) Voir plus loin la Protection des œuvres photographiques dans les divers pays (ch. XIV).

B. — De l'autre, il existe une loi spéciale ; notamment en Norvège (loi du 12 mai 1877), — en Allemagne (loi du 10 janvier 1876) ; — en Danemark (loi du 24 mars 1865) ; — en Finlande (loi du 15 mars 1880) ; — en Hongrie (loi du 4 mai 1884) ; — en Suisse (loi du 23 avril 1883) ; — voire même au Japon (ordonnance impériale du 28 décembre 1887) (1).

Pourquoi notre pays ne suivrait-il pas ce dernier exemple, en adoptant, comme les Etats ci-dessus énumérés, une théorie mixte, qui placerait la photographie dans une sorte de neutralité ? Pourquoi ne pas lui confectionner une législation particulière qui, empruntant à ces modèles leurs traits communs, pourrait ainsi se résumer :

Les auteurs d'œuvres photographiques observeraient d'abord certaines formalités capables de leur assurer une protection pendant un certain laps de temps :

Par exemple, — mettre sur chaque photocopie leur nom ou leur raison commerciale, leur domicile, l'année de la première publication ; — déposer, dans ce but, un nombre limité de

(1) *Ibid.* (chap. xiv).

ces épreuves, soit à la Bibliothèque nationale, soit au cabinet des Estampes, soit aux mains d'une autorité quelconque ; — présenter, au ministère de l'Intérieur, une déclaration qu'ils se réservent le droit exclusif de reproduction, avec la description suffisamment exacte de la photographie ; — revêtir tous les exemplaires par eux vendus de cette mention : « propriété exclusive. » etc.....

Moyennant cet enregistrement, les œuvres photographiques et autres analogues seraient admises au bénéfice de certaines dispositions édictées par le législateur ; et le droit de reproduction exclusive par des procédés mécaniques leur serait accordé pendant une durée plus ou moins longue.

Le 17 décembre 1878, le Congrès de la propriété industrielle avait, lui aussi, exprimé le désir qu'il fut créé une loi spéciale pour protéger les œuvres photographiques. L'opinion de M. Pouillet à ce sujet mérite d'être connue.

Il ne pensait pas qu'il fût possible de faire rentrer les œuvres photographiques, quelles qu'elles soient, dans les dessins et modèles de fabrique. Reconnaissant qu'il fallait entendre

par dessins et modèles de fabrique des dessins, des modèles qui n'avaient pas d'existence individuelle par eux-mêmes qui étaient
uniquement et toujours destinés à orner des
objets industriels.

« *L'œuvre photographique*, disait-il, *si mauvaise qu'elle soit, est toujours destinée à
ex'ster par elle-même ; elle n'est pas destinée
à ornementer un autre objet; elle est faite pour
éveiller dans nos esprits un sentiment artistique.* »

C'est, en un mot, une œuvre ayant son caractère propre, son individualité; ce n'est donc
pas dans la catégorie des dessins de fabrique
que l'on peut ranger les photographies.

« Est-ce dans les œuvres artistiques qu'il faut
les classer? nous ne saurions le dire (1). *Ce qui
semble hors de doute, c'est que la photographie doit être protégée*. Il n'y a pas du reste
de péril à protéger ces œuvres. »

En un mot, M. Pouillet envoyait à d'autres
une question qui n'était pas de la compétence
du Congrès, c'est-à-dire la question de l'art
dans la photographie.

(1) Voir notre solution, ch. iv, (deuxième système.)

Il suffirait donc d'une impulsion à donner.

La Convention internationale pour la protection des œuvres littéraires et artistiques, conclue à Berne, le 9 septembre 1886, entre l'Italie, l'Allemagne, la Belgique, l'Espagne, la France, l'Angleterre, la Suisse, etc..., laissait à l'avenir le soin de réaliser l'unification de la législation photographique.

Grâce à une proposition faite par la délégation suisse on avait réussi à régler d'une manière satisfaisante la question de la photographie. La France montra le désir d'insérer parmi les œuvres protégées par la Convention, après les mots « lithographie » encore « la photographie »; ce vœu fut soutenu d'ailleurs par l'Italie contre la délégation allemande.

En définitive, au moment de procéder à la signature de la convention conclue, les plénipotentiaires soussignés ont déclaré et stipulé ce qui suit relativement à la photographie :

« Au sujet de l'article 4 (voir à l'appendice), il est convenu que ceux des pays de l'Union où le caractère d'œuvres artistiques n'est pas refusé aux œuvres pho-

tographiques s'engagent à les admettre, à partir de la
mise en vigueur de la convention conclue en date de
ce jour au bénéfice de ses dispositions. Ils ne sont
d'ailleurs tenus de protéger les auteurs desdites œuvres, sauf les arrangements internationaux existants
ou à conclure, que dans la mesure où leur législation
permet de le faire.

« Il est entendu que la photographie autorisée
d'une œuvre d'art protégée jouit, dans tous les pays
de l'Union, de la protection légale, au sens de ladite
convention aussi longtemps que dure le droit principal de reproduction de cette œuvre même, et dans les
limites des conventions privées entre les ayants
droit. »

Le Congrès de Londres en 1889 émettait un
vœu en faveur de ce progrès, et deux faits se
sont déjà produits qui lui ont donné satisfaction savoir : le projet anglais et la loi améri-
caine du Copyright.

En 1891, le Congrès de Bruxelles s'occupa
de la même question, et en vue de provoquer
l'adoption de dispositions législatives uniformes dans les différents pays pour protéger la
propriété artistique des œuvres photographiques, émit le vœu qu'elles fussent protégées
par les mêmes lois qui protègent ou protège-
ront la propriété artistique.

La Commission, disait son rapporteur, a pris en considération ce fait que les divers pays qui sont appelés à prendre part aux Congrès internationaux de photographie, sont régis pas des législations différentes, en ce qui touche la propriété artistique.

Il faut donc espérer que la France ne restera pas en arrière, car il est indispensable, pour éviter les contestations de droits journalières qui peuvent surgir, d'être fixé et de connaître sa décision. C'est non seulement à l'incertitude qui plane sur les esprits et sur la jurisprudence que le législateur doit mettre un terme ; mais encore aux contrastes choquants et aux injustices flagrantes auxquels donne lieu l'état actuel de la législation.

Désire-t-on un exemple ? Une facture, une caricature, une simple image d'Epinal sont sacrées œuvres d'art au point de vue légal, parce qu'elles sont « le résultat d'un travail initial manuel ». Par conséquent, tout contrefacteur de semblables illustrations sera puni tout comme le contrefacteur d'un chef-d'œuvre d'un de nos plus illustres maîtres. Et pourtant, à vrai dire, je ne vois là que des œuvres d'art industriel plutôt que des œuvres d'art pur. Tandis que le contrefacteur d'une photographie prise sur nature verra sa faute amoindrie, sa peine diminuée, le délit ne portant plus que sur une simple copie.

Cependant quelques essais furent tentés pour amener une conclusion (1).

En 1878, deux congrès s'étaient réunis au Trocadéro pour élaborer deux projets de lois, sur la propriété artistique, qui sont demeurés dans l'oubli.

Plusieurs projets de lois ont été déposés sur les bureaux de la Chambre des députés :

Dans la séance du 24 juillet 1879, M. Bardoux, rapporteur, présenta au nom de M. Jules Grévy un projet de loi sur la propriété artistique, élaboré par M. Jules Ferry, alors ministre de l'Instruction publique. L'exclusion formelle de la photographie était prononcée quant à la protection accordée à la propriété artistique.

(1) On a prétendu que les artistes s'indigneraient de voir protéger par une même loi les chefs-d'œuvre de la peinture et les productions photographiques, et ce sont eux qui ont protesté contre son exclusion, voir chap. IV. (deuxième système).

Les dispositions de la présente loi, — disait l'art. 1 *in fine*, — ne s'appliquent pas aux reproductions des œuvres photographiques.

Bonne ou mauvaise, cette décision était toujours une solution.

Une proposition de loi plus récente est due à l'initiative de M. Philippon, député.

M. Philippon avait déposé, le 20 mai 1886, une « proposition de loi sur la propriété artistique et littéraire ».

Dans son article 24, cette proposition accordait aux photographies le bénéfice de la protection légale qui est attachée aux beaux-arts.

Cependant son promoteur se refusait à les considérer comme œuvres d'art proprement dites, par le motif que l'objet du droit d'auteur protégé par la loi n'est point la conception de l'artiste, mais la réalisation intelligente de cette conception.

« La loi de 1793, — disait l'exposé des motifs, — protège le travail réalisé, l'intelligence de l'homme réalisant ce que son intelligence a conçu, conduisant son pinceau et son burin, et luttant avec eux contre les difficultés matérielles. Là où le photographe pourrait être assimilé au peintre par la création de son œuvre dans son imagination, il n'y a pas encore protection de la loi, et quand l'idée va se traduire en un produit, quand la protection de la loi va pouvoir s'étendre sur ce produit, toute assimilation devient impossible. »

Cette proposition eut le sort de la précécédente : elle resta sans effet.

L'honorable député ne se tint pas pour battu ; et en ce moment la Chambre est saisie d'une seconde « proposition de loi sur la propriété littéraire et artistique » qui, déposée le 21 novembre 1889 (1), a été l'objet d'une prise en considération le 10 février 1890 (2), et est en ce moment étudiée par une Commission spéciale.

D'après cette proposition, la durée de la propriété (art. 1 et 2) est la même que dans la législation actuelle. Elle dure la vie de l'auteur, et cinquante ans après son décès, au profit de ses héritiers ou ayants-droit.

Les articles 24 et 25 de la proposition sont ainsi conçus :

(1) *Journal offic.*, 22 nov. deb. parl., p. 103.
(2) *Journal offic.*, 11 fév. deb. parl., p. 229.

Art. 24. — Les œuvres d'architecture rentrent sous l'application de la présente loi.

Art. 25. — Il en est de même : 1° des cartes, dessins et figures de géographie ou d'histoire naturelle et, en général, de tous les dessins techniques ; 2° des dispositions ou combinaisons de traits de couleurs, de contours ou de formes destinées à l'ornementation d'un produit industriel et habituellement désignées sous le nom de dessins ou modèles de fabrique, pourvu, toutefois, qu'elles présentent une configuration distincte et reconnaissable ; 3° des reproductions par moyen mécanique, d'œuvres de la sculpture ; *4° des œuvres obtenues à l'aide de la photographie, de l'héliogravure ou de tout autre procédé analogue.*

Telle est la proposition de loi actuellement à l'ordre du jour de la Chambre. Puisse-t-elle aboutir à un résultat certain. Il n'y a pas à examiner ici si elle est préjudiciable ou non à la propriété photographique, et quels sont les amendements qui pourraient y être apportés. Ce qu'il importe d'étudier, c'est la controverse signalée sur la question de savoir si la photographie est un art ou une industrie.

PREMIÈRE PARTIE

—

LA PROPRIÉTÉ ARTISTIQUE
DE LA PHOTOGRAPHIE

CHAPITRE II

QUESTION CAPITALE :
LA PHOTOGRAPHIE EST-ELLE
UN ART OU UNE INDUSTRIE ?

1. Position de la question. — 2. Son importance juridique — 3. Les trois systèmes en vigueur.

La photographie est-elle un art ou une industrie ? Cette question qui, en apparence, semble spécieuse, théorique, est du plus grand intérêt pratique, de la plus grande importance, si on envisage ses applications juridiques.

Bien plus, elle est la base même du droit en cette matière.

Il s'agit, en effet, de savoir si les œuvre photographiques peuvent et doivent être protégées par le décret-loi des 19-24 juillet 1793

concernant les droits de propriété des artistes, — ou si elle doit rester sans défense, à
la merci des contrefacteurs.

Nombreuses sont les controverses qui ont
surgi à ce sujet. — Deux courants d'idées s'en
sont d'abord dégagés, distincts, opposés, inconciliables ; et cependant, eu égard aux conséquences pratiques, journalières qui en découlent, il est nécessaire d'opter soit pour l'un,
soit pour l'autre.

Refuse-t-on de ranger la photographie dans
la famille des beaux-arts, en décidant que
tout emploi de procédés ou moyens industriels
suffit au point de vue légal pour enlever à
une production tout caractère artistique ? La
photographie se trouve alors dans l'état actuel de notre législation, sans protection aucune ; le laconique article 1382 du Code civil
seul peut, grâce à sa généralité universelle,
lui être de quelques secours (*1er système*).

Ou bien, au contraire (*2e système*), admet-on
que la photographie puisse rentrer « dans
toute production de l'esprit ou du génie qui
appartient aux beaux-arts », (art. 7 du décret
de 1793, *sup. cit.*), en ne s'attachant qu'au
résultat sans s'inquiéter du moyen par lequel
la production nouvelle a été obtenue ? Elle jouit
alors des mêmes droits, des mêmes préroga-

tives légales que « tout ouvrage de littérature, de dessin, de peinture ou de gravure ».

De ces deux systèmes, le second seul compte aujourd'hui en sa faveur non seulement la majorité des auteurs, mais encore la presque totalité des photographes, surtout des amateurs. Quant au premier, en vigueur pendant longtemps, il voit chaque jour ses adeptes déserter, et, en présence des progrès croissants, évidents, de la photographie, passer dans le camp opposé.

Sur ces deux doctrines, trop absolues, est venue s'en greffer une troisième, celle de la jurisprudence. Elle s'est interposée, maladroitement, à notre avis ; son opinion mixte toute confuse, sujette à oscillations, conduit en définitive aux conséquences pratiques les plus erronées, les plus dangereuses.

Examiner séparément ces trois thèses ; — étudier les arguments qu'elles font valoir ; — montrer d'un côté leur pauvreté, de l'autre leur valeur, semble être le plan tout indiqué qui s'offre à l'écrivain dans cette tâche, simple en apparence, mais complexe en réalité.

CHAPITRE III

PREMIER SYSTÈME :
LA PHOTOGRAPHIE EST UNE
INDUSTRIE

1. Argumentation que font valoir les défenseurs de cette thèse. — 2. Lamartine, M. Bardoux, les artistes et M. Morillot. — 3. Les arrêts de jurisprudence.

Ce système, avec le docteur Tulloch de Dundee comme porte-drapeau, rejette absolument toute assimilation possible avec les productions de l'imagination et de la pensée.

Le principe qu'il pose comme point de départ est celui-ci : *La Photographie est et n'est seulement qu'un mécanisme, au moyen duquel on fixe, sur une plaque sensible préparée à cet effet, l'image des objets extérieurs.*

Une opération purement manuelle, voilà toute la science photographique. Sans doute habitude, grande habileté, talent même, pourront entrer en ligne de compte dans le résultat final ; mais n'est-il pas arbitraire d'établir un lien de ressemblance entre cette industrie, pouvait certes avoir ses mérites, et l'œuvre, du peintre, du dessinateur, qui crée avec les ressources de son esprit et reproduit, avec l'expression de ses sentiments, certains sujets certaines compositions d'après nature.

La nature d'une part, la machine de l'autre, voilà n'est-il pas vrai, les deux facteurs principaux de toute création photographique ; cherchez maintenant le rôle que peut jouer le photographe?

Les moyens employés pour reproduire la nature avec une fidélité scrupuleuse, sont beaucoup plus compliqués en photographie qu'en peinture. Les poils de son pinceau pour l'artiste, le burin pour le sculpteur, de même que la plume pour l'écrivain, sont de faibles moyens si on considère la cause et le but. Le photographe, au contraire, mi-physicien, mi-chimiste, disparaît tantôt sous l'instrument qui l'accable et l'écrase, tantôt au milieu des bocaux, des fioles qui remplissent son laboratoire.

En premier lieu son objectif, en produisant une image, ne fait point œuvre d'art, il obéit simplement à certaines lois de physique, déterminées, immuables.

Ensuite les résultats obtenus par la chambre noire, machine insensible, sans âme, sans imagination, apparaissent toujours semblables. Où trouver le cachet, l'empreinte de celui qui l'a conçu, exécuté ?

En dernier lieu le développement de la plaque est une expérience vulgaire de chimie, qu'il est donné à tout homme quelque peu intelligent de réussir.

Voilà donc l'opération photographique dans sa brutalité même. Le seul art que l'homme possède, est d'exposer correctement la plaque sensible.

L'absence de personnalité de l'auteur, tel est, après la complication des instruments et de l'opération, le deuxième argument des partisans de cette théorie ; et ce n'est pas lui qu'il considère comme le moins triomphant.

Une œuvre photographique, disent-ils, ne montre jamais la personnalité de l'artiste ; autrement dit, elle ne traduit point la pensée de l'auteur, le travail de son esprit qui a dirigé la chambre noire et braqué l'objectif dans telle direction. Bien plus, non seulement le *moi* n'apparaît pas, mais la photographie le limite, le resserre.

Opérateur inconscient, obtenant mécaniquement à l'aide d'un appareil souvent incommode, d'un instrument construit sur des lois permanentes d'optique, certains résultats qu'il lui serait impossible de prévoir ou de modifier, le photographe, tant amateur que professionnel, ne peut rendre que certains effets de lumière. Il n'invente ni ne crée : il se borne simplement à confectionner des photo-types négatifs, puis des photocopies reproduisant sensiblement les images soumises à l'objectif. — La série de ces effets est des plus restreintes : elle se trouve limitée par la valeur photogénique de la lumière.

Ainsi donc, pour conclure, l'amateur, loin d'être un artiste, loin d'aspirer à être même un ouvrier habile, consommé, devient un esclave. L'esclave de qui? du Soleil. Plaît-il à ce grand Seigneur de retirer l'éclat bienfaisant de ses rayons lumineux, c'en est fait de la photographie et des photographes! Ils devront obéir, se croiser les bras, et attendre,... attendre longtemps peut-être.

La lumière, voilà donc leur directeur principal.

Peut-on même dire qu'ils en disposent à leur gré ? Loin de là ; non seulement il ne leur est pas permis de la mettre à profit sous toutes ses formes, sous toutes ses manifestations, mais encore faut-il qu'ils sachent choisir et utiliser la minute, parfois même la seconde la plus favorable. Quel dur labeurpour ce serf !

Et si encore, pendant la courte durée qu'ils jouissent des rayons du soleil, les photographes le faisaient de façon à nous conserver d'une manière ou d'une autre, selon qu'il leur plait, ces mille beautés étincelantes que nous révèle la nature? Mais non.

Une sensation visuelle de noir et de blanc, tel est le résultat que le cliché procure. Il y a des formes, des lignes, des traits, fort bien ! Qu'est-ce après tout? La photographie n'en demeure pas moins incapable de reproduire les couleurs. La glace d'un miroir réflétant intégralement une image quelconque dans son naturel, avec ses charmes et ses défauts, ses beautés et ses laideurs, donne à nos yeux une satisfaction esthétique beaucoup plusagréable.

Le seul mérite de l'amateur est donc de fixer sur un verre préparé par des manipulations chimiques cette impression quelconque qui n'était que fugitive dans le miroir.

Si la photographie, qui se prétend un art ou qui aspire à être tel, nous conservait brutalement cette image? Combien de fois ne donne-t-elle pas des impressions fausses ! Que de fois elle exagère les plans, déforme les lignes, en un mot altère la vérité.

Enfin même si elle a échappé par hasard à ces déboires, l'épreuve finale apparaîtra toujours avec une désespérante égalité de netteté sur toute la surface.

Le réquisitoire est fini. Il a pour organe, on le devine, ceux qui ont intérêt à nier, non par ignorance, mais parce qu'ils n'ont pu réussir. Pour les trois-quarts des amateurs, la photographie s'arrête au procédé.

Que répondre à ces arguments sensés, logiques même?

⁂

Joignez à cela un orateur érudit; il ne manquera point, à l'appui de sa thèse, de citer Lamartine, l'un des plus ardents partisans de cette doctrine, qui, dans son *Cours de littérature*, développait ainsi son idée :

« Est-ce un art, s'écriait-il, que la reverbération d'un verre sur un papier? Non ! c'est un coup de soleil pris sur le fait, par une manœuvre ! Mais où est la conception de l'homme ? Où est l'âme ? Où est l'enthousiasme créateur du beau ? Dans le cristal peut-être ; mais à coup sûr pas dans l'homme. La preuve, c'est que Titien, ou Raphaël, ou Van Dyck, ou Rubens n'obtiendraient pas de l'instrument du photographe une plus belle épreuve que le manipulateur de la rue... »

Ces expressions éloquentes, mais véhémentes, s'expliquent à la rigueur par l'époque où elles se placent; l'art photographique n'était alors qu'à l'état d'enfance, de découverte scientifique. On sait d'ailleurs que ce même auteur reconnut plus tard le caractère de création artistique aux œuvres qu'il avait si ardemment combattues (1).

Mais si cette assertion se comprend de la part de Lamartine, elle est moins excusable, en 1870, de la part de M. Bardoux, le rapporteur du projet de loi sur la propriété artistique, qui dans l'exposé des motifs après avoir cité le passage précédent, s'exprimait ainsi le 24 juillet 1879 devant la Chambre des députés :

« Cette protestation si vive en la forme est

(1) Voir plus loin page 50 une citation du même auteur, tirée du même ouvrage, mais en sens contraire.

juste au fond : sans doute, le photographe peut faire preuve non seulement de goût, mais encore de sentiment artistique dans la pose de son modèle, dans l'arrangement des accessoires, et dans le choix des paysages qu'il reproduit. Mais avec les moyens dont il dispose, il est impuissant à réaliser une conception idéale, une pure création de son esprit. Il est toujours un copiste, jamais un créateur. C'est ce qui le distingue essentiellement de l'artiste. Et même dans son travail de copiste, il est asservi à son instrument qui retrace avec une fidélité inexorable les beautés qu'il veut rendre, mais aussi, hélas ! les défectuosités qu'il voudrait à tout prix éviter ! »

Il est bon de noter aussi la protestation d'un groupe d'artistes, suscitée par quelques arrêts de jurisprudence déclarant que la photographie était un art.

Curieuse en elle-même, cette protestation renferme quelques conclusions dignes d'être rapportées :

« Considérant que les tribunaux ont été saisis de la question de savoir si la photographie devait être assimilée aux beaux-arts, et ses produits protégés à l'égal des œuvres des artistes ;

« Considérant que la photographie se résume en une série d'opérations toutes manuelles qui nécessite sans doute quelque habitude des manipulations qu'elle comporte, mais que les épreuves qui en résultent ne peuvent, *en aucune circonstance*, être assimilées aux œuvres, fruits de l'intelligence et de l'étude de l'art ;

« Par ces motifs, les artistes sous-signés protestent contre toute assimilation qui pourrait être faite de la photographie à l'art.

Suivent les signatures : INGRES, FLANDRIN, ROBERT FLEURY, HENRIQUEL DUPONT, etc.

Les défenseurs de ce système quoique de moins en moins nombreux, n'en demeurent que plus acharnés.

L'un d'eux, M. Morillot, envisageant la protection de la photographie telle qu'elle existe en Allemagne, par une loi spéciale du 10 février 1876, reproche à la législation d'Outre-Rhin «de s'être laissé aller à introduire, même par une porte de derrière, les photographes dans la phalange sacrée des auteurs ! » Il va jusqu'à préférer au photographe, l'artisan qui déploie dans son travail une somme d'ingéniosité supérieure. La réplique juridique que l'on peut faire à M. Morillot, est que la loi du 18 mars 1806, concernant le dessin de fabrique et le modèle industriel, ne vise que l'artisan et non le photographe.

.*.

Dans ses hésitations sur la matière, la jurisprudence s'est arrêtée de 1850 à 1865, à ce premier courant d'idées. Plusieurs arrêts sont dans ce sens ; citons les principaux :

C'est d'abord à l'étranger un arrêt de la cour de Turin du 25 octobre 1851, (affaire Duroni) identique à une décision du tribunal correctionnel de la Seine.

Cet arrêt confirmait, en adoptant ses motifs, un jugement du tribunal de commerce ainsi conçu :

« Considérant que, depuis la merveilleuse découverte de la photographie, l'art qui a pour objet de l'appliquer se réduit à un procédé purement mécanique, dans lequel le photographe peut montrer plus ou moins d'habileté, mais sans pouvoir être assimilé à ceux qui professent les beaux-arts dans lesquels opèrent l'esprit et l'imagination, et quelquefois le génie formé par les préceptes de l'art;

« Que le photographe n'est ni dessinateur, ni peintre; — qu'il a seulement appris à mettre convenablement en œuvre la machine qu'il possède et à préparer les opérations chimiques qui doivent reproduire ; — que son travail mécanique ne peut, dès lors, donner naissance à des produits qui puissent être justement rangés parmi les productions de l'esprit humain ;

« Qu'en conséquence le tribunal de commerce, ne peut s'estimer compétent pour connaître de la prétendue violation d'un droit de propriété artistique à propos de la reproduction d'un portrait obtenu par la photographie ; car en supposant qu'il y ait là une propriété, c'est une propriété de nature industrielle à laquelle ne peut s'étendre la juridiction des tribunaux de commerce...»

Ainsi donc il proclamait que le photographe peut montrer plus ou moins d'habileté, mais sans jamais pouvoir être assimilé à ceux qui professent les beaux-arts, « dans lesquels opèrent l'esprit et l'imagination, et quelquefois le génie formé par les préceptes de l'art. »

Un arrêt du tribunal de commerce de la Seine du 7 mars 1861 est encore plus catégorique. L'œuvre du photographe, à son avis, ne saurait être assimilée à l'art du peintre et du dessinateur qui crée avec les ressources de son imagination des compositions et des

sujets, ou bien encore qui interprète d'après
son sentiment personnel les points de vue que
lui offre la nature, et qui constitue à son profit une propriété.

S'appuyant sur ce dispositif, un arrêt du
tribunal correctionnel de la Seine du 9 janvier 1862, en conclut naturellement que « les
produits de la photographie ne sont pas des
produits artistiques ; dès lors la reproduction
des objets obtenus par la photographie ne peut
donner lieu à une action en contrefaçon
devant le tribunal correctionnel, mais seulement à une action civile en dommages-intérêts.

On le voit, le bénéfice de la loi de 1793 et
des articles 425 et suivants, du Code pénal,
n'existent plus dans cette hypothèse ; le photographe n'a pour lui que l'article 1382 du
Code civil.

Enfin, sans parler d'un arrêt du tribunal de
la Seine (1re chambre, 12 décembre 1863), qui
juge dans le même esprit, on peut dire que ce
premier système se résume dans cet arrêt du
tribunal de commerce de la Seine, du 20 janvier 1862 :

La photographie est l'art de fixer des objets
extérieurs ; c'est là une opération purement
manuelle, *exigeant sans doute de l'habitude et*

de l'habileté, mais ne ressemblant en rien à l'œuvre du peintre et du dessinateur qui crée ou reproduit. Elle n'est que le résultat de procédés mécaniques et de combinaisons chimiques. On ne saurait donc donner rang à la photographie dans les beaux-arts, car elle n'invente ni ne crée, et ses ouvrages ne peuvent être assimilés aux œuvres de l'intelligence.

CHAPITRE IV

DEUXIÈME SYSTÈME :
LA PHOTOGRAPHIE EST UN ART

1. Opinion de la majorité des gens compétents ;Lamartine et les protestations d'artistes. — 2. Argumentation que font valoir les partisans de cette théorie. — 3. Réfutation aux objections du premier système. — 4. Les arrêts de jurisprudence.

C'est l'opinion adoptée par les Congrès internationaux de 1889 et de 1891, opinion à laquelle d'ailleurs nous nous rallions complètement. Ce n'est pas que nous voulions dire que la photographie doive marcher de pair avec la peinture, la sculpture, la poésie; elle n'est certes point tout l'art graphique; elle ne peut prétendre à se substituer au génie des maîtres du crayon ; mais en laissant à ceux-ci la part aussi belle qu'ils le voudront, il reste un champ d'opérations assez large, assez vaste pour qu'une place lui soit accordée dans la famille des beaux-arts. Ce qu'elle désire seulement, ce qu'elle prétend soutenir, c'est que ses œuvres sont des œuvres de l'esprit, constituant toujours comme telles une propriété artistique et rentrant dans les termes du décret de 1793.

Tel semble être aujourd'hui l'avis de la majorité des gens compétents parmi lesquels il convient de citer : A. Rendu, Pouillet, Numa-Droz, Sauvel, Charles Blanc, Niewenglowski, Saint-Victor, E. Bulloz, etc...

Lamartine lui-même, dans un entretien sur Léopold Robert (1), postérieur au fragment que nous avons cité, Lamartine, l'adversaire le plus ardent de la photographie considérée comme art, avoue s'être exprimé trop précipitamment :

«La photographie, contre laquelle j'ai lancé, dans le premier entretien sur Léopold Robert, un anathème inspiré par le *charlatanisme* qui la *déshonore*, en multipliant les copies, la photographie c'est le photographe. Depuis que nous avons admiré les merveilleux portraits saisis à un éclat de soleil par Adam Salomon, le statuaire du sentiment qui se dé-

____

(1) *Cours de littérature*, entretien xxxvii, p. 43.

lasse à peindre, nous ne disons plus que c'est un métier : *c'est un art* ; c'est mieux qu'un art, c'est un phénomène solaire, où *l'artiste* collabore avec le soleil ! »

Le motif principal invoqué par nos adversaires se trouvant ainsi victorieusement réfuté par Lamartine lui-même, que reste-t-il ? Plus rien ; donc aucun motif d'exclusion.

Mais, dira-t-on, restent les conclusions de la protestation des artistes dont nous avons extrait quelques articulations. Si nous ne l'avons pas discutée, c'est qu'elle tombe d'elle-même devant deux pétitions signées d'artistes célèbres et qui, à deux époques différentes, ont été présentées à la Chambre pour réclamer la protection des œuvres photographiques.

Dans la première, en 1870, lors du projet de la loi de M. Bardoux, nous voyons figurer les noms de Baudry, Bonnat, Bouguereau, Cabanel, Carolus Duran, Gérôme, Hébert, Puvis de Chavannes, Robert Fleury, etc., etc...

La seconde protestation contre l'exclusion de la photographie, de l'année dernière, a été déposée à propos du projet Philippon, et les signatures ne sont pas moins célèbres : Bouguereau, Bonnat, J. Breton, Dagnan, Puvis de Chavannes, etc...

L'ancienne protestation des artistes se trouve ainsi suffisamment annihilée.

Relativement à la proposition Philippon, la seule en France qui, nous l'avons vu, accorde aux photographes le bénéfice de la protection légale attachée aux œuvres artisques, il n'est pas sans intérêt de remarquer que si l'auteur du projet dans l'exposé des motifs reconnaît la qualité de « véritable dessin » à l'épreuve photographique, il n'en donne pas assez les raisons suffisantes :

« La photographie, — déclare-t-il, — ne constitue pas une œuvre d'art au sens que la loi de 1793 rattache à ce mot. Et, en effet, ce que cette loi protège, ce n'est point la conception du sujet, mais uniquement la réalisation matérielle de l'idée artistique ; or, en ce qui concerne les reproductions photographiques, quel que soit le talent ou le goût dont ait fait preuve l'auteur dans le choix du sujet, dans la disposition de son modèle, dans la façon de l'éclairer, on doit reconnaître que cette réalisation est le fait de la nature bien plutôt que le sien.

« Cette réserve faite, on ne peut nier que l'épreuve photographique, à n'envisager que le *résultat* obtenu, ne soit un véritable dessin. Nous avons donc accordé le bénéfice de la loi aux œuvres obtenues à l'aide de la photographie, de l'héliogravure ou de tout autre procédé analogue ».

Ce caractère artistique donné par M. Philippon, avec certaines restrictions, doit-il suffire ? Assurément non. Le jeu de nos adversaires serait trop beau. Cette dénonciation accordée comme une marque de faveur aux œuvres photographiques équivaudrait purement et simplement, selon nous, à une fin de non-recevoir. Si c'était là le seul argument que l'on pût invoquer, sa pauvreté contribuerait encore davantage à la chute de la thèse.

Mais, heureusement, il en est d'autres plus concluants, plus énergiques.

On proclame l'absence de personnalité dans toute production daguerréotypique. Ce qu'il faut justement établir, c'est qu'il existe dans toute œuvre photographique, d'abord une conception du sujet, ensuite, et surtout la réalisation matérielle d'une idée artistique. Ce qu'il faut montrer, c'est le principal rôle, appartenant non plus à la nature et à la machine, — comme on le prétend à tort, — mais à l'intelligence, au talent de l'opérateur qui vient ainsi au premier plan. — Ces assertions établies, force sera de convenir que nous sommes en présence d'une œuvre d'art.

Mais l'*Art*, dans son acception générale, embrasse une distinction : De son tronc s'échappent deux branches, les Beaux-Arts et les Arts Industriels. A quelle famille doit appartenir la Photographie ? Si le second système se propose de la rattacher aux Arts industriels, il possède au fond une affinité étroite avec le premier, dont il ne diffère que par la forme, par l'étiquette. Aussi tel n'est point son but, selon lui la photographie est un rameau des Beaux-Arts ? Or, qu'est-ce que l'art, dans cette dernière hypothèse ? Il y a deux sens à examiner : le sens esthétique et le sens légal,

Dans le sens esthétique, l'art tient à la perfection du produit. Selon l'aphorisme de Bacon, c'est l'homme ajouté à la nature, *homo additus naturæ*, c'est-à-dire produisant une œuvre ayant pour base la nature, mais portant en elle un sentiment particulier et personnel que lui a imprégné son auteur. Il n'a pas reproduit habilement, il a créé.

Dans le sens légal, l'art tient non plus à la perfection, mais à la nature même du produit. L'œuvre d'art est celle qui appartient à certaines catégories et qui remplit certaines conditions indiquées par les articles 1 et 7 du décret-loi des 10-24 juillet 1793 : l'œuvre doit être « une production de l'esprit ou du génie ».

Or, la photographie revêt-elle ces deux caractères, et satisfait-elle à cette définition rigoureuse et complexe ?

Si on ne considère que les produits composés ou retouchés, nul doute qu'ils ne renferment en soi les mêmes éléments principaux qui se rencontrent dans la peinture ou le dessin ; l'art peut s'y rencontrer.

Mais en est-il de même des produits photographiques ? Voilà la question.

Il est évident qu'aux premières phases de son existence, comme le font justement remarquer les partisans du premier système, toute la photographie consistait dans les manipulations chimiques ; conserver le bain d'argent, doser les quantités de substances et de liquides, harmoniser le développement avec le collodion, occupait l'opérateur au détriment de l'art. Mais la photographie moderne a subi les influences des actes plastiques, chaque jour, elle se transforme ; la phase dans laquelle elle est entrée est toute nouvelle.

Jusques ici on l'avait trop considérée comme une machine bonne à produire avec fidélité mais sécheresse, négligeant la perspective des plans et l'harmonie dans l'ensemble.

Le photographe copie, dit-on encore aujourd'hui; mais le graveur copie, le peintre copie, le dessinateur copie.

Vous lui faites un crime de son gigantesque et embarrassant appareil? Il est dans sa main ce que le pinceau et la palette sont à la main du peintre, le burin et le marbre à celle du sculpteur. Ce mécanisme compliqué, lui seul a le pouvoir de le mettre en mouvement; il est son outil; il lui obéit comme obéissent aux artistes qui s'en servent ces instruments de musique, plus encombrants, moins maniables. Ce piano, dont les touches pressées par un enfant pousseront des cris aigüs, fera entendre sous le doigté d'un Beethoven, d'un Litz ou d'un Massenet, les notes musicales les plus harmonieuses, les mélodies les plus ravissantes. De même l'appareil photographique s'assouplit ou se révolte selon la main qui le caresse et le dirige. Aussi les photocopies produites sont-elles autant d'accusations vivantes contre l'opérateur qui n'a pas su se servir de son instrument.

Dire que la photographie est un art implique
donc cette différence essentielle qui a toujours
existé entre ceux qui, sous une forme et par
un procédé quelconque, représentent la nature
dans ses diverses manifestations, je veux dire
entre l'ignorant et l'artiste.

N'y a-t-il pas des barbouilleurs en peinture ?
Ose-t-on mettre en parallèle l'ouvrier peintre,
le décorateur, voire le rapin, avec un Bouguereau, un Detaille ou un Puvis de Chavannes ?
Ces ignorants barbouilleurs, ils existent dans
la photographie ; ce sont les *photogribouil-
leurs*. Leur seul but est de faire un phototype
négatif, quel qu'il soit. A tort ou à travers ils
braquent leur objectif sur tout ce qu'ils rencontrent, bon ou mauvais ; ils abusent de
l'instantanée ; peu leur importe l'éclairage, le
groupement des personnages. Ils font un
cliché.

Mais ces parasites ne devraient former que
l'exception, si on ne veut point donner prise
aux accusations anti-artistiques qui pèsent sur
les adeptes de la photographie. Ce ne sont pas
des photographes, car le véritable amateur
devient artiste dès le moment où il a touché
son instrument.

Prenez deux types différents : le paysage,

et le portrait, placez l'opérateur successive-
ment devant ces deux modèles l'un inerte,
l'autre vivant, étudiez sa manière de procéder, puis jugez. Il vous sera facile de comprendre pourquoi de deux photographes
aucun ne pourra jamais produire une reproduction exacte, identique de l'œuvre de
l'autre ; aucun d'eux ne pourra dissimuler sa
personnalité propre.

Nul ne contestera que le paysage est d'une
facilité d'exécution plus grande que le portrait. L'amateur novice le choisit de préfé-
rence pour ses débuts. Ce n'est que plus tard
qu'il aborde le groupe. Le voici donc, déjà
expérimenté ; comme l'artiste en arts plastiques, il a étudié ses sujets, la lumière, l'air
ambiant, la perspective aérienne, cette poésie
qui règne dans la nature. Voyez-le agir :

Au lieu de placer brutalement cette machine
dont il dispose, devant le paysage qu'il veut
prendre, il utilise quelques préparatifs artistiques que son intelligence et son goût lui
commandent. Autant d'opérateurs, autant de
manières de voir le tableau dans la chambre ;
l'effet artistique dépend précisément de la
façon dont ils l'auront arrangé : mettez dix
photographes en face du même sujet, vous
aurez dix tableaux différents. Les uns auront

choisi un premier plan plus ou moins heureux, d'autres n'en auront pas du tout ; ils auront trop de ciel, ou trop de terrain. Celui-là seul réussit qui montre de l'intelligence et du goût. Il étudie l'aspect de son paysage, cherche de quelle façon il pourra, en conservant la ressemblance faire valoir certaines parties et atténuer certaines autres.

Ici le point de vue est meilleur que là. Dans cette position les parties défectueuses du tableau sont dissimulées, les côtés les plus agréables sont mis en relief. Telle heure paraît plus favorable que telle autre pour poétiser son œuvre et donner à chaque paysage la physionomie qui lui convient. Tel jour semble préférable pour obtenir certains effets de lumière.

S'agit-il de portraits ? Le talent est encore plus apparent. Les détracteurs de la photographie ne parviendront-ils donc pas à établir une différence entre un portrait savamment composé mettant en relief le caractère de l'individu, et ce même portrait aux poses prétentieuses, exécuté par un opérateur de rencontre ? N'est-ce pas le cas de rappeler la parole de cette dame à un professionnel qui, aux reproches de sa cliente, répondait en vantant la qualité de ses instruments : « Qu'est-ce qui distingue alors, disait-elle, un bon et un mauvais portrait ? » Or, c'est précisément la présence ou l'absence chez le photographe du savoir, du goût, de l'art en un mot.

L'artiste qui veut fixer l'image d'une personne sur son phototype cherchera à avoir à sa disposition un objectif hors de pair ; un outil perfectionné n'est-il pas toujours un aide précieux ? Il ne l'utilisera qu'à certaines heures du jour, dans des conditions atmosphériques spéciales et avec des effets de lumières particuliers. Si le soleil ne lui fournit pas l'effet désiré, il s'efforcera de modérer l'éclairage afin que l'effet sur le modèle soit préférable. Il tiendra compte des diverses modifications de la lumière, et rejettera impitoyablement ces éclairages à la Rembrandt ou avec des contrastes violents qui exagèrent la contexture de la personne et sacrifient toute vérité.

Voilà pour le côté mécanique de l'œuvre, puisqu'il faut se résigner à le qualifier tel. Force est d'avouer cependant qu'il lui a fallu faire preuve d'une expérience, d'une habileté qui ont leur valeur dans cette période purement préparatoire.

Mais pour la composition des tableaux de personnages, pour le groupement des modèles, l'idée à interpréter joue un plus grand rôle que l'exécution même du cliché. L'artiste qui médite son sujet, le photographe qui compose son groupe, veulent rendre des effets identiques. Tous deux doivent posséder l'art de faire leur modèle. L'aristocrate aux mains blanches, aux manières étudiées, ne posera pas comme la robuste paysanne aux couleurs vives, aux mœurs agrestes et rudes. L'opérateur cherche la pose la plus vraie, la plus gracieuse, la plus naturelle. Il drape les vêtements, donne aux robes des plis ondoyants, combine les couleurs, dispose les accessoires pour faire du tout un ensemble agréable et harmonieux. S'il est véritablement artiste, il réduit le nombre des accessoires, et emploie un fond d'une tonalité vague, sur lequel la tête se détachera avec plus de vigueur. Chez le photogribouilleur, au contraire, le goût du clinquant prédomine ; n'avez-vous pas maintes fois cherché le modèle ? Il disparaissait sous les bijoux, noyé dans les arbres, perdu au milieu des terrasses, des ponts rustiques, que sais-je !...

En général, l'amateur oublie trop que la figure est la partie de l'image qui doit être traitée avec le plus de soin.

L'éclairage entre aussi dans l'élément artistique ; ses effets, sont loin de n'être que mécaniques. Selon qu'il se trouve modifié plus ou moins savamment, des ombres naissent, corrigeant telle ou telle imperfection du modèle, faisant épanouir telle ou telle qualité. Ce contrôle de la lumière est bien plus complet, bien plus facile à obtenir au moyen d'un écran ; le but principal de l'écran de tête par exemple, est de rapprocher la lumière du visage, d'amaigrir ou d'accentuer ses ombres.

Incliné au-dessus du poseur, l'écran brise les rayons directs du soleil ; sans lui ces rayons viendraient en masse compacte frapper la figure du sujet, ce qui produirait de fortes lumières, des ombres profondes, finalement, un très défectueux résultat. De quel rôle n'est donc pas la lumière dans le jeu de la physionomie ? Telle inclinaison de tête à donner, avantagera certaines personnes : les pupilles des yeux se contractant sous un jet de lumière seront plus grandes, les paupières abaissées s'élèveront ; l'expression sera plus calme. Éviter avant tout la roideur, rechercher toujours le naturel ; voilà ce que l'amateur doit se proposer.

Est-ce donc d'un simple artisan cette perspicacité à bien agencer les matériaux, cette dextérité et cette précision qui ajoutent à l'œuvre de la nature un élément personnel ?

Ce soleil dont on le prétendait esclave, ne s'en est-il pas rendu maître? N'a-t-il pas modifié ses rayons à sa guise? Ne leur a-t-il pas en dé-finitive fait donner tous les résultats, auxquels son idée de peintre espérait atteindre? Véri-table artiste, donnant carrière à son imagina-tion, le photographe aura conçu le tableau dans sa pensée, il l'aura créé avant de le re-produire dans la chambre obscure.

Reste encore l'exécution de l'œuvre.

Le phototype produit, pas de repos. Que de corrections, que d'imperfections à réparer d'une main légère et expérimentée; les lu-mières sont trop blafardes, il faut les atté-nuer : les ombres sont trop dures, il faut les adoucir. La photographie exagérant les dé-fauts des traits, le crayon du retoucheur peut y remédier; mais, là encore, il doit rester dans la note exacte, et en faisant disparaître cette exagération, n'en pas commettre une inverse, en donnant aux traits une douceur aussi peu dans la nature que le défaut contraire qu'il voulait corriger.

Dans le procédé chimique lui-même, il n'y a pas que la force brutale d'une réaction, il y a encore le goût, l'intelligence de celui qui di-rige l'apparition de l'image.

**
* *

Les partisans obstinés du premier système ne se tiennent pas encore pour battus. Leur principal argument est détruit, soit ; comme nouvelles recrues, ils osent encore faire valoir leurs soldats de seconde valeur. Les réfuter longuement serait peine inutile : le simple raisonnement, l'expérience de chaque jour y répondent suffisamment.

La photographie est incapable de reproduire les couleurs ? Mais la théorie indique que les couleurs composées, revêtues par les objets naturels doivent venir sur la plaque au même titre que les lumières simples du spectre. M. Lippmann a vérifié le fait expérimentalement ; même avant lui, MM. Ducos du Hauron et Cros n'avaient-ils pas obtenu une reproduction quasi parfaite des couleurs ? La découverte toute récente du célèbre professeur de la Sorbonne aura la suprématie, le jour où on parviendra à fixer les tons, car l'œil de l'objectif est plus affiné que l'œil humain ; il perçoit les rayons ultra violets du spectre.

Les impressions fausses, la déformation des lignes, l'exagération des plans que l'on reprochait aux œuvres photographiques, ne se sont-elles pas trouvées modifiées du jour où les opticiens ont corrigé l'aberration de sphéricité ? L'argument s'est ainsi trouvé retourné contre ceux qui l'avaient émis, car les défauts naissent du fait de l'opérateur qui a méconnu la distance locale de l'objectif, ne s'est pas mis au point de distance, et a prouvé ainsi qu'il n'était pas maître de son instrument. C'était la plume qui conduisait l'écrivain.

Quant à l'instabilité des images positives, ce n'est qu'autrefois qu'elle constituait un sérieux grief. D'ailleurs la peinture n'avait-elle pas dans les premiers temps la fragilité des procédés à l'albumine, à la celloïdine ? ses couleurs ne perdaient-elles pas leur teinte par l'humidité ?

Nonobstant ces progrès, les conditions du travail, les difficultés matérielles et intellectuelles, les dépenses pécuniaires que nécessitent l'installation et la composition restent les mêmes. — Bien au contraire, elles augmentent proportionnellement au talent du professionnel, à mesure que se développe son sentiment artistique, et sans être incompatibles avec lui.

Témoin ce photographe de Paris qui, voulant

reproduire à Bruges la châsse de sainte Ursule, dut non seulement entrer en négociation avec l'administration des hospices qui exigea un versement de 500 fr., mais encore construire un local spécial, puis attendre un temps propice.

Témoin encore ce professionnel qui, voulant avoir une vue satisfaisante et scrupuleusement exacte d'un site pittoresque de la Suisse, obtint du gouvernement fédéral l'autorisation d'abattre des sapins et d'établir un pont volant sur le lac. Après mille tâtonnements il parvint enfin à choisir le point de vue qu'il convoitait, mais il lui fallut attendre encore quinze jours une lumière favorable.

En Sicile, — et c'est M. E. Bulloz qui cite cet exemple, dont l'existence, si elle est vraie, prouverait que la passion artistique, excédant les extrêmes limites, peut parfois atteindre le caractère de la monomanie, — en Sicile, un photographe a été plus loin encore. Très épris d'archéologie, il a recherché tous les documents sur la vie antique; il a reconstitué des costumes, des accessoires, puis il a commencé une série de tableaux grecs « dans le décor même de Pœstum ou de Sélinonte. C'est un berger de Virgile qui joue de la flûte de Pan sur une colonne ruinée; c'est une jeune fille en tunique plissée portant une amphore sur l'épaule qui remonte de la fontaine Aréthuse, etc... » (1)

Il n'y a pas à juger le plus ou moins de mérite artistique que présentent ces compositions, mais il est incontestable qu'il y a là tous les éléments d'une création des arts du dessin.

En résumé, et pour conclure, grâce à son talent, à son goût, le photographe artiste saura se distinguer et s'élever au-dessus d'un praticien ignorant toutes ces choses, qui, avec

(1) « On ne se fait pas assez l'idée, dans le public, — écrit le même auteur, — de la valeur d'un cliché ainsi obtenu. Il faut considérer le capital dépensé pour une publication. Pour éditer le musée de Saint-Pétersbourg la même maison d'édition a envoyé de Paris sept personnes pendant quatre mois en Russie. Les frais d'établissement des clichés seuls ont dépassé 100,000 francs. Il y en a 400, chacun d'eux représente 250 francs, et sur ces 400 il y en a 20 qui se vendront ; les autres sont des documents pour le public très restreint qui se livre aux études d'art. Ce sont donc les 20 qui doivent couvrir les frais. Qu'arrivera-t-il si les contrefacteurs choisissent tout simplement les sujets dont le succès se dessine ? »

... « Un simple portrait peut également représenter un capital considérable. Pour publier le portrait de Sarah Bernhardt dans un de ses rôles, un photographe a dû fermer son atelier une journée, faire peindre des décors, exécuter des accessoires, etc... et faire 180 clichés différents. Sur ce nombre il y en a eu 16 de publiés, dont 2 seulement se vendent. Est-il admissible que ces deux soient librement pillés ? »

un outil de meilleure marque, un instrument de plus grande valeur, n'obtiendra qu'une image sèche, désagréable en tout point, sans intérêt. Sa production n'est plus mécanique, elle est véritablement un *dessin*.

« Les photographes, — disait éloquemment M. Larroumet, alors directeur des Beaux-Arts, — peuvent faire œuvre d'artistes en choisissant parmi ce que la nature nous offre, en présentant les aspects des choses avec cette intelligence du beau et du vrai qui est la règle et l'inspiration de tout art. Dans l'infinie variété des êtres, il en est peu que l'art ne puisse élever jusqu'à lui ; c'est affaire de disposition et d'arrangement, d'harmonie dans les attitudes, d'équilibre dans la distribution de l'ombre et de la lumière. Celui d'entre eux qui ne posséderait pas ces qualités, ne serait qu'un vulgaire praticien, et si elles manquent aux artistes, ils ne sont plus que des copistes serviles de la réalité et comparables à de médiocres photographes, sauf la précision et la vérité dont le photographe ne saurait se passer. »

A quand le salon des photographes ? diront ironiquement nos adversaires. Le moment n'est peut-être point si éloigné. Nos artistes sont-ils vraiment si rares? N'avons-nous pas nos célébrités, les unes mortes, les autres vivantes, et dont les œuvres figurent dans les Expositions annuelles.

Ce sont tous ceux qui, par une combinaison d'une habileté exceptionnelle de différents phototypes, ont obtenu des compositions, vrais tableaux où l'ampleur des différentes lois qui règne dans une œuvre d'art, est réglée, où chaque individualité est affirmée par un ensemble qui charme et émotionne. Veut-on des noms? Rejlander a fait montre de sentiment personnellement artistique; ses têtes caractéristiques ont tour à tour excité le rire et les larmes. A côté de lui, méritent de figurer Francis Bedford, Ferton, Dr Diamond, Delamotte, Legray, Siloy, Mme Cameron, ...et parmi les modernes, Nadar, Bucquet, Niewenglowski, etc...

En Angleterre d'ailleurs, où cette question a été maintes fois discutée, maintes fois résolue par les faits, l'art photographique est pratiqué par des professionnels et des amateurs ayant étudié l'esthétique, indépendamment de la photographie, et dont les œuvres démontrent d'une manière péremptoire le sentiment artistique, soit inné, soit formé par le travail.

.*.

Le photographe a donc fait un « dessin » ; et comme tout auteur, il a le droit de revendiquer l'application des articles 1, 6 et 7 du décret-loi des 19-24 juillet 1793, car son œuvre constitue une propriété qu'il peut reproduire par un moyen quelconque, « et qui doit être protégée au même titre que la planche gravée » (Taine).

Est-ce aussi en l'envisageant comme un « véritable dessin » que non seulement la majorité des auteurs (1), mais encore le projet de loi de M. Philippon tranchent la question et accordent à la photographie la protection légale qu'elle ne cesse de réclamer.

Toutefois, en attendant le sort réservé à cette proposition, force est de s'en tenir à la jurisprudence qui, un moment, par plusieurs décisions, notamment par deux arrêts : l'un du 8 juillet 1887 (sous Lyon, du Trib. de Saint-

---

(1) Consulter surtout, entre autres, les ouvrages suivants :

PATAILLE, *Ann. de la propr. industr.* 1862, p. 83.

SAUVEL, *Des œuvres phot.*, p. 12 et suiv.

DELALANDE, *Et. sur la propr. littér. et artist.*, p. 102.

DARRAS. *Du droit des auteurs et des artistes dans les rapports internationaux*, n° 216.

RUBEN DE COUDER, *Dict. de Dr. comm., indust. et maritime*, t. V.

Etienne, 7 juillet 1885, DP. 88. 2. 180), l'autre du 15 janvier 1861, a déclaré « que les productions photographiques sont protégées par la loi du 19 juillet 1793 au même titre que la propriété littéraire et artistique ».

Un précédent arrêt important de la cour de Paris du 12 juin 1863, formulait ainsi l'opinion de la jurisprudence qu'elle devait bientôt repousser :

Les images photographiques sont des dessins. L'opérateur a une part importante dans le travail qui les produit. Si c'est la lumière qui fixe l'image sur la plaque, c'est l'opérateur qui détermine l'aspect sous lequel le type de cette image doit être offert aux rayons lumineux.

Malheureusement, on ne sait pour quels motifs juridiques elle ne s'en est pas tenue là, et nous allons voir qu'en définitive elle s'est prononcée pour une doctrine mixte et dangereuse.

CHAPITRE V

TROISIÈME SYSTÈME : LA PHOTOGRAPHIE DEVANT LA JURISPRUDENCE ACTUELLE

1. Fluctuations et tâtonnements de la jurisprudence; son opinion mixte. — 2. L'arrêt de 1862. — 3. Les tribunaux, seuls juges de droit et de fait. — 4. Conséquences fâcheuses de ce nouveau système.

Il semblerait qu'en présence des systèmes opposés qui viennent d'être présentés, et qui en doctrine demeurent inconciliables et irréconciliables, la jurisprudence n'ait eu qu'à choisir, qu'elle eut dû se prononcer pour l'un ou pour l'autre.

Ses fluctuations, ses tâtonnements jusqu'en 1860 faisaient prévoir que tôt ou tard elle ferait option.

Tel n'a point été son résultat final.

En présence des hésitations oscillantes qui se manifestaient dans son sein, elle n'a pas cru devoir mieux faire que de mettre en pratique un moyen qui lui réussit souvent lorsqu'elle doit se prononcer sur une controverse juridique ; elle a adopté une théorie intermédiaire, éclectique, fort contestable et dangereuse dans toutes ses conséquences pratiques.

Elle a reconnu qu'il fallait admettre une distinction entre les photographies industrielles et les photographies artistiques.

Regardée comme œuvre d'art, c'est-à-dire comme le produit d'un travail de la pensée en même temps que de la main de l'artiste, l'épreuve sera la matière d'une propriété artistique ; — si elle cesse d'être une œuvre d'art, si elle est simplement le produit d'un travail manuel ou mécanique, elle cesse, par cela même, d'être protégée contre la libre reproduction.

Dans son arrêt du 10 avril 1862 (Sirey, 63.1. 41) la cour de Paris infirmant un jugement du tribunal correctionnel de la Seine du 9 janvier 1862, déclarait :

Que la photographie ne constituait pas absolument une œuvre d'art ; cependant un dessin photographique peut avoir ce caractère et constituer ainsi une propriété artistique protégée contre la contrefaçon, lorsqu'on y voit un produit de la pensée, de l'esprit, du goût et de l'intelligence de l'opérateur.

Ses considérants méritent d'être cités :

« Au fond : — Considérant que les dessins photographiques ne doivent pas être *nécessairement et dans tous les cas* considérés comme destitués de tout caractère artistique, ni rangés au nombre des œuvres purement matérielles; — qu'en effet, ces dessins quoique obtenus à l'aide de la chambre noire et sous l'influence de la lumière peuvent, *dans un certain degré*, être le produit de la pensée, de l'esprit, du goût et de l'intelligence de l'opérateur; — que leur perfection, indépendamment de l'habileté de la main, dépend en grande partie dans la reproduction des paysages, du choix du point de vue, de la combinaison des effets de lumière et d'ombre, et, en outre, dans les portraits, de la pose du sujet, de l'agencement du costume et des accessoires, toutes choses abandonnées au sentiment artistique et qui donnent à l'œuvre du photographe l'empreinte de la personnalité...

« Considérant que, si les procédés, inventés par Daguerre appartiennent au domaine public, et si, dès lors chacun peut les employer, il n'en résulte nullement que les produits réalisés à l'aide de ces procédés par l'art et l'intelligence du photographe doivent également tomber dans le domaine public....

« Par ces motifs, infirme . . . .

Le jugement du 9 janvier 1862 (D. P. 62. 3. 8) que l'arrêt de la Cour de Paris (Ch. corr.) venait de réformer sur la question de droit était d'une espèce assez curieuse :

A la mort du comte Cavour, les portraits phothographiques de cet éminent politique furent excessivement recherchés; des demandes nombreuses en étaient faites par le commerce, principalement pour l'Italie.

L'un de ceux qui obtenaient le plus de succès, était celui que MM. Mayer et Pierson avaient exécuté lors du séjour du comte de Cavour à Paris pendant la durée du Congrès de 1856. Un concurrent de MM. Mayer et Pierson, M. Betbéder, crut pouvoir exploiter, par voie de reproduction le portrait édité par ces photographes. Après avoir grossi l'image, il la retoucha au pinceau dans certaines parties, modifiant notamment la pose des jambes; puis il ajouta un fond, représentant une bibliothèque et divers accessoires.

MM. Mayer et Pierson le poursuivirent pour contrefaçon de leurs œuvres, et le tribunal correctionnel de la Seine déclara en droit la poursuite mal fondée, sauf aux demandeurs à exercer une action civile en dommages-intérêts. Ces derniers interjetèrent appel ; l'arrêt rendu est celui qui vient d'être mentionné.

Le tribunal de la Seine, dans son jugement du 6 mai 1864, adopta cette façon de voir, ainsi que la cour de Bordeaux :

La *qualité* de production artistique, — disait cette dernière (dans un arrêt du 29 février 1864), — peut être *reconnue par les tribunaux* à des œuvres photographiques dont le modèle aura été savamment composé, organisé et présenté au pinceau lumineux, de façon à en tirer des effets extraordinaires, empreints d'un caractère personnel.

Enfin la cour de Paris (1re chambre) énonce catégoriquement les textes que *pourra* invoquer un *dessin* photographique :

Un *dessin* photographique *peut* constituer une propriété artistique, protégée à ce titre contre la contrefaçon par la loi des 19-24 juillet 1793, et l'article 425 du Code pénal (Paris 29 novembre 1869, Sirey, 70.2.77).

Remarquons que la cour ne dit plus comme en 1850, les produits, mais bien les *dessins* photographiques, ce qui dans l'hypothèse fait rentrer la photographie dans la catégorie des beaux-arts, malgré la restriction apportée par le mot « pouvoir ».

La distinction établie par la cour de cassation apparaît donc très nettement. Que ce soit un paysage, ou un portrait, elle a reconnu que « le dessin » *pouvait* être considéré comme une œuvre d'art quand la manière intelligente dont le modèle avait posé, quand le choix et le grand style des accessoires révélaient un certain travail intellectuel et un goût vraiment artistisque.

Mais à qui appartient-il de discerner le caractère artistique de la photographie qui fait l'objet du procès ?

Cette faculté, ce pouvoir de discernement appartient, d'après la jurisprudence, *aux juges du fait* qui décideront « souverainement si le produit déféré à leur appréciation constitue ou non une œuvre d'art dans le sens de la loi ». (Cass. 10 avril 1862. Sirey 63. 1.41) Ces juges déclareront donc par une constatation nécessairement souveraine « si les produits déférés à leur examen n'ont pas, eu égard aux conditions dans lesquelles ils ont été créés, le caractère de productions artistisques. (Ch. cr. 28 novembre 1862, DP. 63. 1. 52 »).

La cour de Bordeaux appuya cette reconnaissance de la qualité de production artistique par les tribunaux (1) ainsi que la déclaration d'un second arrêt de Paris (Ch. cr. 15 janvier 1864, DP. 65. 317), qui reconnaissait que la décision du juge correctionnel renfermant une appréciation souveraine, échappe à la censure et au contrôle de la cour de cassation.

La cour de cassation a été saisie en effet deux fois de la question, et a été dispensée de la trancher. Mais on peut cependant induire des motifs de ses décisions qu'elle n'est point défavorable à la thèse consacrée par la cour de Paris ; loin de là, car elle-même, dans plusieurs arrêts postérieurs, a non seulement reconnu, mais confirmé ce pouvoir d'appréciation souveraine (2).

(1) Voir l'arrêt précité du 29 février 1864.
(2) Nous ne pouvons citer ici que les arrêts les plus importants. Une trop longue énumération deviendrait fastidieuse ; bornons-nous à renvoyer aux autres, conformes à cette thèse : Cass., 16 mai 1862 (S.1862-1-908 — P.1863, 49). — 28 novembre 1862 (S. 1863-1-41 — P. 1863-483). —

Que faut-il penser de cette solution mitoyenne ?

Elle a été critiquée, et à bon droit, selon nous.

Théoriquement ces décisions séduisantes ont quelque valeur. La cour de cassation désirant trouver la vérité, et concilier les deux courants d'idées opposés, s'est aventurée dans un système éclectique ; procédé qui lui réussit quelquefois. On ne peut que la louer de son intention. Si l'œuvre photographique a été soignée, travaillée artistement, et si elle paraît telle au juge, elle se trouvera assurée d'une protection légale.

Malheureusement, en pratique, il n'en est pas de même, et il en résulte de nombreux et dangereux inconvénients.

En voulant faire la part exacte de l'art et de l'industrie pour classer une œuvre photographique, la jurisprudence entre d'abord dans une voie d'appréciations arbitraires qui

15 janvier 1864 (S. 1864-1-303. — P. 1864, 890), — Comp. Cass., 17 janvier 1882 (S. 1883-1.305 — P. 1883-1-748), — 27 décembre 1884 (S. 1886-1-89. — P. 1886-1-183). Cass 21 juillet 1855 (DP. 55. 1 335) — Metz 5 mai 1858 (D. P. 58. 1174) etc... etc...

varieront suivant les sentiments plus ou moins
artistiques des juges.

L'inconvénient capital est donc de rendre
le tribunal arbitre d'une question de goût sur
laquelle il n'a manifestement aucune compétence spéciale. Les magistrats vont se trans-
former en critiques d'art, en véritable académie. Cela semble évidemment impossible, tant
par rapport à la loi, qui, par cela même, se
trouve ainsi détournée de son esprit et de son
but, — que par rapport à la jurisprudence,
qui paraît admettre l'arbitraire.

D'autre part la détermination des qualités
artistiques dans une œuvre photographique
offrirait encore plus de difficulté au magistrat
qu'à tout autre. Pour l'homme du monde il y
a une vingtaine de définitions de l'art et de
l'artiste qui peuvent être à son sens toutes
justes et toutes exactes ; — pour le jurisconsulte, qui ne doit se préoccuper que de l'application d'un texte de loi, il ne pourra se prononcer qu'en ayant sous les yeux, non pas le
dessin, mais cette loi.

Autre considération : en photographie, où
l'on procède le plus souvent par tâtonnements
pour choisir entre plusieurs clichés, abstraction faite de la valeur artistique de l'opérateur,
il ne sera pas facile pour le juge, — générale-

ment peu expert dans la matière, — de discerner quelle est dans une production photographique la part de l'instrument, celle de l'artiste et celle des circonstances matérielles. Souvent les moyens de s'éclairer lui manqueront. Or, subordonner la déclaration de l'existence d'un délit à une appréciation que le prévenu n'aurait pas été à même de faire, et qui sera faite après coup par les juges, d'après des données le plus souvent arbitraires et incertaines, c'est ce qui est contraire à tous les principes du droit criminel.

Un exemple récent suffira :

Un photographe avait reproduit des tableaux anciens, et s'était efforcé de traduire fidèlement dans ses phototypes négatifs les beautés esthétiques des originaux. Il y était parvenu, et ses photographies se vendaient à merveille. On jugeait en les admirant que l'auteur avait le mieux compris la peinture qu'il reproduisait et avait mesuré le plus intelligemment les différents éléments (lumière, réactifs, procédés spéciaux), employés dans ce but.

Ses concurrents, qui avaient pour habitude de photographier un Raphaël comme un Murillo, un tableau de l'Ecole française comme un paysage hollandais, le comprirent si bien qu'ils ne crurent pas devoir mieux faire que de reproduire les épreuves elle-mêmes.

L'artiste primitif en subit un préjudice, et cita les contrefacteurs devant le tribunal.

Les juges ne firent point entrer les frais d'exécution, tels qu'ouvriers, échafaudages, tentatives infructueuses, dans le relevé des dommages-intérêts à allouer au demandeur qui dans l'espèce, eut gain de cause. Ils s'attachèrent seulement à établir que, par les retouches apportées aux phototypes, le photographe avait mis dans l'œuvre une empreinte personnelle ; ses photographies étaient donc reconnues œuvres d'art.

La thèse contraire eût pu fort bien prévaloir. En effet, qu'attendre de certain, dans cette interprétation élastique consistant à délimiter où finit l'œuvre servile et où commence l'œuvre d'art.

Le demandeur n'a-t-il pas toujours à se plaindre de ce que le copiste a profité de son travail et lui doit-on de ce chef une indemnité ?

Ce fut la thèse plaidée en 1876 et 1877 devant le tribunal d'Ismaïlia et la cour d'appel mixte d'Alexandrie. En l'absence de toute loi sur la propriété artistique et littéraire, ces juridictions reconnurent que « le photographe qui a dû s'imposer des frais pour la reproduction de vues ou plans, est fondé à réclamer réparation aux copistes qui, en se livrant à leur travail, ont pu épargner ces mêmes frais » (1).

Cette thèse d'équité ne devrait-elle pas être invoquée utilement par nos tribunaux français ? Quel résultat, en effet, apporte la jurisprudence actuelle ? Une incertitude complète, absolue, pour les plaideurs.

Selon l'appréciation souveraine des juges de même que l'œuvre pourra se trouver protégée contre la contrefaçon, de même elle peut se rester abandonnée sans défense à la contrefaçon.

(1) Voir sur les décisions de ces deux juridictions étrangères à l'appendice, en note sous le mot *Egypte*; — et LYON-CAEN ET DELALAIN : *Lois françaises et étrangères sur la propriété littéraire et artistique*, (tome II, page 24 et suiv.)

CHAPITRE VI

DE LA CONTREFAÇON
EN MATIÈRE DE PHOTOGRAPHIE

1. Qu'est-ce que la contrefaçon ? — 2. La jurisprudence. — 3. Reproductions autorisées et défendues. — 4. Décisions du Congrès de Bruxelles.

La contrefaçon est une spoliation ; elle est, par rapport à la propriété immatérielle, ce que la fraude, l'escroquerie ou le vol sont à l'égard des possessions matérielles, bien que la loi soit loin de la punir à leur égal.

En matière artistique, la contrefaçon est l'usurpation, même partielle, de l'idée artistique d'autrui. On peut en donner une définition plus exacte, quoique moins élégante, et dire que c'est non seulement la reproduction, dans les mêmes proportions et sous la même forme, d'une chose ou d'un objet non encore tombé dans le domaine public, mais *aussi toute imitation complète ou partielle* de cette chose ou de cet objet, sous quelque manière qu'il soit exécuté ou fait au détriment de celui ou de ceux qui ont le droit légal d'en opérer la production.

Si l'œuvre publiée par l'impression, l'autographie, la lithographie, la gravure ou tout autre moyen, accomplit certaines formalités, telles, par exemple, que le dépôt d'un ou plusieurs exemplaires dans les bibliothèques ou collections nationales ; elle se trouve protégée par les lois que nous avons énumérées (chap. I), savoir : le décret-loi des 19-24 juillet 1793, la loi du 14 juillet 1866, et les articles 425 à 427 du Code pénal.

La propriété d'une œuvre d'art assure à son auteur le droit exclusif d'en opérer la reproduction, soit par lui-même, soit par ses cessionnaires. Toute atteinte portée à ce droit, tout espèce de reproduction faite, dans un but de spéculation, par la daguerréotypie, la photographie, la galvanoplastie, la photosculpture et autres procédés analogues, doit être considérée comme une contrefaçon punissable.

La reproduction d'une œuvre d'art, tableau ou dessin, sous une forme nouvelle et non autorisée, quel que soit le moyen employé, doit être considéré comme une contrefaçon, lorsqu'elle a eu lieu sans le consentement de l'artiste et il en est ainsi quoique la destination de la copie diffère essentiellement de celle de l'œuvre originale (1).

La cour d'appel de Paris (1re chambre), dans un arrêt du 9 janvier 1891 (DP. 92. 2. 38) mit ce principe en application, dans le fait de copier des caricatures, ou de colorier les photographies d'un tableau et de les coller sur des boîtes à bonbons.

Il s'agissait dans l'espèce, de photographies, d'un tableau de Loir, représentant les infortunes de Pierrot, que des fabricants de cartonnages avaient coloriées et collées sur des boîtes de bonbons en forme de tambourin, recouvertes de satin rouge, et qui constituaient ainsi une imitation du tableau sous une forme imparfaite, non autorisée par l'auteur. Le fait que les fabricants avaient racheté ces photographies à un photographe auquel l'artiste avait cédé le droit de reproduction en noir de son tableau, ne faisait pas disparaître la contrefaçon.

Et il importe peu que ces photographies

(1) Cf. *Pouillet*, Traité de la propriété littéraire et artistique, n° 574.

aient été achetées par les fabricants qui en ont ainsi modifié l'aspect et la destination à un photographe auquel l'auteur du tableau avait cédé le droit de reproduction en noir, la vente desdites photographies n'impliquant pas le droit d'en user industriellement en les coloriant, c'est-à-dire sous une forme autre que celle dans laquelle elles avaient été livrées.

Le 2 août 1880, le jugement du tribunal civil de la Seine, que confirma l'arrêt précité de la cour d'appel, était ainsi conçu :

« Attendu que C... et L... fabricants de cartonnages ont reconnu avoir fabriqué et vendu les boîtes saisies ; — qu'ils avaient acheté les photographies du tableau de Loir chez B... lequel était autorisé à reproduire ce tableau en photographies non coloriées ;

Attendu que C... et L... en coloriant les photographies et les collant sur des boîtes à bonbons en ont modifié l'aspect de même que la destination ; que cette image coloriée imitant le tableau de Loir sous une forme imparfaite et placée sur des mêmes objets de confiserie, a causé à l'artiste un préjudice que le tribunal a les éléments nécessaires pour fixer à 300 francs ;

« Attendu que C... et L... n'ont pas ignoré qu'ils étaient contrefacteurs, puisqu'ils ont

consulté sur leurs projets les employés de B...
au lieu de s'adresser à B... lui-même, au besoin
à Loir, pour s'assurer de leur droit ; — que
l'espoir d'un bénéfice plus élevé les a déter-
minés à ne pas se renseigner ; — qu'ils sont
non recevables en l'exception soulevée par
eux ;

« Par ces motifs, les déclare contrefacteurs ;
confisque les objets saisis, les condamne, etc... »

Un marchand d'estampes, — dans une espèce
analogue, — avait acheté des photographies ou
estampes en noir, dont un tiers était propriétaire, il les avait ensuite coloriées par un procédé quelconque, puis livrées au commerce
sous cette nouvelle forme.

Les ayant reproduites sans aucun droit et sans
être muni d'une autorisation préalable, il n'avait
aucunement le droit de les faire colorier ou
enluminer, ou de les mettre en vente sous
une forme nouvelle. Son procédé, consistant
à appliquer sur une planchette la photographie coloriée et à lui donner toutes les apparences d'un petit tableau, constituait bien
le délit de contrefaçon. Aussi le tribunal correctionnel de Paris, le 29 décembre 1884 (Gaz.
du Palais, 84. 1. 203) jugea-t-il, dans ce sens,
se conformant à ce principe juridique, que le

droit de l'auteur d'une œuvre artistique s'étend à tous les modes de reproduction qui en sont faits. (1)

.•.

La jurisprudence a statué sur certaines questions de saisies d'épreuves photographiques arguées de contrefaçon par quelques arrêts fort critiquables, dont nous allons essayer de dégager les traits généraux. Ils peuvent se ramener à trois :

1° Lorsqu'à la suite de saisie portant sur différentes épreuves photographiques arguées de contrefacon, il est intervenu un arrêt correctionnel qui, tout en renvoyant le prévenu des fins de la poursuite à l'égard d'une partie des objets saisis, parce qu'ils n'ont pas été représentés, le condamne pour les autres ; le prévenu n'est pas fondé à demander des dommages-intérêts à raison de ceux pour lesquels il y a eu relaxe ;

2° La partie civile qui a fait saisir, par le ministère d'un commissaire de police, des gravures ou des photographies qu'elle pré-

(1) Voir plus loin, même chapitre, page 98 les considérants d'un jugement du tribunal civil de la Seine du 7 mars 1884 (même année) (*Gaz. du Palais*, 84.1.623), rendu dans une espèce analogue.

tend être contrefaites, n'est pas responsable
de la perte des objets saisis, lorsqu'il n'est
pas établi que ce soit par son fait que la
perte a eu lieu ;

3° Elle n'est pas non plus responsable de la
saisie indue qui aurait été faite d'une épreuve
qu'elle aurait déclaré lui avoir été dérobée
alors que le commissaire de police parait avoir
plutôt agi d'office que sur ses réquisitions.

Ces trois solutions, nous le répétons, paraissent critiquables en droit.

D'abord, en ce qui touche les dommages-
intérêts, le tribunal avait, en fait, une appréciation souveraine, mais il pouvait d'autant
moins déclarer l'action non recevable et mal
fondée en droit, que l'instance civile avait été
dans l'espèce introduite antérieurement à
l'action correctionnelle; et que, même en
décidant que le préjudice n'était pas appréciable en argent, le demandeur n'en avait pas
moins droit aux dépens.

Notamment, dans l'hypothèse dont il s'agissait, le demandeur soulevait des questions
de propriété et de nullité de saisie sur lesquelles la cour n'avait pas statué, et que le
tribunal ne juge pas non plus.

Enfin, la saisie a lieu aux risques et pé-
rils du plaignant, et c'est nécessairement lui

qui est responsable vis-à-vis du prévenu, sauf son recours contre qui de droit.

La jurisprudence est formelle à cet égard :

La reproduction d'une œuvre d'art (quelle qu'elle soit) dit le tribunal de la Seine, et spécialement d'une statue par la photographie, sans autorisation de l'auteur, constitue une contrefaçon. (Seine, 16 avril 1879, DP. 80. 3. 31).

On ne peut donc reproduire par la photographie des gravures dont les droits d'auteur sont encore protégés par la loi de 1793. (Paris, 5 décembre 1864, DP. 64. 2. 213).

Toutefois il appert nettement de ces arrêts que le professeur ou l'éditeur qui se plaint d'une reproduction de gravures doit, pour établir son droit d'action, justifier tout à la fois qu'il en est le propriétaire, et que l'auteur lui en a cédé un droit exclusif de reproduction (trib. de la Seine, 4 décembre 1863, *sup. cit*).

Notons comme renseignement qu'une jurisprudence constante admet que les modèles livrés à l'industrie pour être multipliés par des moyens mécaniques peuvent avoir la valeur de créations artistiques et doivent en ce cas être protégés contre la contrefaçon. (Voir Cass., 21 juillet 1855, DP. 55. 1. 335; Metz, 5 mai 1858, DP. 58. 1. 174).

Un photographe avait reproduit par la photographie et répandu dans le commerce diverses gravures dont les planches étaient en la possession d'un éditeur à Paris. A raison de ce fait, l'éditeur intenta contre lui devant le tribunal civil de la Seine, une demande tendant à ce qu'il fût fait défense au photographe de continuer ce mode de reproduction, et en outre à ce qu'il fût condamné à payer des dommages-intérêts.

Dans l'espèce, le demandeur prétendait établir une distinction entre la reproduction d'une gravure tombée dans le domaine public et la photographie qui ne copie pas, qui n'imite pas, mais qui s'empare en quelque sorte de l'objet et fait vivre identiquement les détails.

Mais cette distinction doit être combattue ; car elle tend à confondre deux choses différentes : le droit de se servir exclusivement de la planche gravée. — et le droit de propriété garanti par le décret de 1793.

C'est ce qu'a d'ailleurs admis la cour de Paris dans son arrêt du 5 décembre 1864 (DP. 64.2.213).

L'imitation d'un objet d'art tombé dans le domaine public peut donner lieu à une nouvelle propriété intellectuelle, lorsque l'imita-

teur apporte à l'œuvre-type des modifications.
des ornements, des accessoires ; lorsqu'il lui
fait subir certaines transformations. Il y a
prise de possession suffisante, et le modèle
composé à nouveau ne peut être lui-même
reproduit sans contrefaçon.

Lorsqu'il s'agit d'une œuvre tombée dans le
domaine public (1), la reproduction par
la photographie est licite. (trib. de la
Seine, 4 déc. 1863, et Paris 5 décembre 1864,
Sirey, 65. 2 .110.)

Un arrêt de la cour de Paris, du 5 juin 1855,
établissait déjà que la reproduction de l'aspect
d'un monument est nécessairement dans le
domaine public.

Les rues de villes, sites et monuments obtenus par la photographie sont des objets du
domaine public ; — par suite l'associé qui en
se retirant d'une entreprise de photographie
a cédé les clichés apportés par lui à la société,
en se réservant le droit de continuer d'en fa-
briquer et d'en vendre, a pu sans commettre
en cela un acte de concurrence déloyale, re-
prendre à nouveau les mêmes vues (trib. de

(1) Une œuvre d'art, par exemple une statue. ne
tombe pas dans le domaine public par cela seul qu'elle
est placée dans l'intérieur d'une église (Voir ch. xii et
les renvois).

comm. de la Seine, 7 mars 1861, DP. 61. 3. 32).

Cela est évident et ressort de ce que la reproduction des gravures tombées dans le domaine public ne peut être considérée comme portant atteinte illégitime au droit du propriétaire de la planche gravée. Ce droit consiste simplement dans l'usage exclusif de la planche (Paris, 5 déc. 1864, DP. 64,2,213).

**

Nous n'avons envisagé ici la photographie que comme pouvant servir de moyen de contrefaçon. Étudions maintenant l'épreuve photographique en elle-même, et voyons quelle protection la jurisprudence lui accorde contre la contrefaçon.

Nous n'avons plus à revenir sur la question de la protection accordée à la photographie par le décret-loi des 19-24 juillet 1793, au même titre que la propriété littéraire.

Quelle que soit la solution qui prévaut, l'action en contrefaçon de production photographique n'est pas recevable si le dépôt prescrit par l'article 6 du décret de 1793 n'a pas été effectué, et cette irrecevabilité peut être opposée en tout état de cause, même en appel Lyon, 8 juil. 1887 ; DP. 88.2.180).

S'il y avait absence de dépôt, le photographe, dont l'œuvre a été contrefaite, aurait cependant le droit d'actionner en dommages-intérêts, pour concurrence déloyale, l'auteur de la contrefaçon, conformément aux articles 173 du Code de procédure civile et 1382 du Code civil.

Si le principe, d'après lequel la propriété des œuvres d'art et le droit exclusif de les reproduire appartiennent exclusivement à leurs auteurs, fléchit à l'égard des portraits qui sont la propriété des personnes dont l'artiste a reproduit l'image et non la propriété de celui-ci, le prévenu de contrefaçon poursuivi par l'artiste ne peut se prévaloir de leur droit comme fin de non-recevoir contre la poursuite; leur silence fait tout présumer une renonciation de leur part à la propriété des portraits (Cass. 15 janvier 1864 ; Sirey. 64. 1. 303).

Cependant l'arrêt qui déclare la reproduction d'un portrait propriété privative du photographe, justifie par là suffisamment le droit exclusif de celui-ci à cette reproduction, attendu que l'autorisation exclusive que donne une personne à un éditeur de publier son portrait photographié confie à ce dernier le droit non seulement de poursuivre les contrefaçons, mais même de s'opposer à toute production du portrait de cette personne. (Trib. civil de la Seine, 22 déc. 1863, *sup. cit.*)

Un photographe, s'il ne peut contester à d'autres le droit de reproduire *directement* par la photographie l'image des mêmes personnes et objets, est cependant fondé à l'opposer à la reproduction des portraits et images qu'il a obtenus, et dont il a fait sa propriété spéciale en leur donnant une valeur artistique.

Il n'est même pas nécessaire, pour justifier son action à l'égard des contrefacteurs, qu'il rapporte la preuve d'une autorisation (1) d'exploiter ces portraits à lui donnés par les personnes dont il a reproduit l'image ou par les familles de celles-ci (Ch. cr., 28 nov. 1862, DP. 63. 1. 53).

Le photographe, simplement autorisé par un peintre à reproduire par la photographie son tableau, ne peut prétendre à aucun droit exclusif de publication d'épreuves photographiques de ce tableau.

(1) L'auteur, dans ce chapitre, ne traite que de la reproduction d'un portrait autorisée par le modèle. Pour la question du portrait et les hypothèses qu'elle soulève, voir le chapitre IX qui lui est spécialement consacré.

Par épreuves photographiques, on doit entendre, non seulement les épreuves photographiques et photoglyptiques, mais encore les photogravures.

Toutefois, l'autorisation de reproduire par photographie ne comprend que la publication d'épreuves en noir et ne donne pas le droit de colorier ou de faire colorier les épreuves obtenues.

Le peintre Picon donnait, le 21 avril 1882, à Lecadre l'autorisation suivante : « J'autorise Lecadre à se faire remettre les deux tableaux exposés au Salon, intitulés ; *L'Amour plus léger que le papillon, Voilà le plaisir, Mesdames* », pour en faire des photographies et les publier ; le 12 mai suivant, Picon vendait ces tableaux à Barboza moyennant 3,000 fr. en lui concédant expressément le droit de reproduction, mais avec cette indication : « M. Barboza n'ignore pas que Lecadre, photographe à Paris, a le droit de publication d'épreuves en noir photographiques desdits tableaux ; » il résulte de ces conventions que Barboza, acquéreur et propriétaire de ces tableaux, a le droit de les reproduire et de les faire reproduire par tous les procédés quelconques, même par les procédés photographiques comme aurait pu le faire son vendeur,

6

en respectant toutefois l'autorisation accordée par l'auteur desdits tableaux à Lecadre de faire des photographies et de les publier ; d'autre part, Lecadre ne trouvant dans son titre qu'une simple autorisation, ne peut prétendre à aucun droit exclusif de publication des épreuves photographiques, des épreuves dont s'agit ; mais il importe en présence des prétentions respectives des parties, de fixer la portée et l'étendue de ces mots : épreuves photographiques.

C'est ce que fit le tribunal civil de la Seine par le jugement suivant, rendu le 7 mars 1884 (*Gaz. du Palais*, 84. 1. 623) :

LE TRIBUNAL ; — « Attendu qu'il est constant pour le tribunal que par épreuve photographique on doit entendre non seulement les épreuves photographiques et photoglyptiques sur lesquelles les parties sont d'accord, mais encore les photogravures ;

« Que Barboza soutient bien, il est vrai, que les photogravures ne peuvent être considérées comme épreuves photographiques parce que, bien que dérivées des procédés photographiques, elles sont complètement distinctes des premières par le résultat obtenu ;

« Qu'il ajoute que les photogravures deviennent une œuvre artistique pour la production de laquelle la main de l'artiste joue un rôle prépondérant, comme pour la gravure au burin ;

« Attendu, à cet égard, qu'il est incontestable que l'élément essentiel de la photogravure est la gravure d'une image sur une planche en cuivre par des procédés photographiques ;

« Que la main de l'artiste n'y joue aucun rôle, ou tout au moins un rôle secondaire :

« Que s'il est vrai que dans la photogravure le planche gravée par des procédés photographiques a besoin, dans certains cas, de retouches de la main de l'homme, le fait ne change pas le caractère photographique de l'œuvre, pas plus que les épreuves dites photographiques proprement dites ne perdent leur caractère par les retouches que le photographe leur fait subir.

« Qu'il en serait sans aucun doute autrement si la main de l'artiste, embrassant l'œuvre entière gravée sur la planche photographique, la transformait dans son ensemble ou par des détails prépondérants en une véritable œuvre artistique ;

« Qu'il n'est pas établi que Lecadre ait fait subir aux planches photographiques destinées à produire des photogravures autre chose que de simples retouches et qu'ainsi il n'a pas excédé les droits résultant à son profit des conventions sus-énoncées ;

« En ce qui touche les épreuves photographiques coloriées ;

« Attendu que Lecadre n'a jamais obtenu le droit de colorier ou de faire colorier les épreuves photographiques par lui obtenues ;

« Qu'il est constant qu'il a fait colorier et mis en vente quelques-unes de ces photographies et a ainsi porté préjudice à Barboza, qui a seul le droit de publier des épreuves coloriées ;

« En ce qui touche les saisies pratiquées à la requête de Lecadre et Barboza et les dommages-intérêts réclamés par chacune des parties ;

« Attendu que suivant procès-verbal du commissaire de police de l'imprimerie et de la librairie en date du 15 mars 1883, Barboza a fait saisir sur Lecadre, entre les mains de Dujardin, deux planches en cuivre gravées ;

« Que de son côté Lecadre, en réponse à cette première saisie, a fait procéder sur Barboza à deux saisies : 1° par procès-verbal du même commissaire de police, en date du 20 mars 1883, à la saisie de toutes les épreuves photographiques ou coloriées des deux tableaux se trouvant chez Barboza ; 2° suivant procès-verbal en date du 21 mars suivant chez Goupil et Cie, à la saisie de tous les clichés, planches gravées et épreuves se rapportant aux tableaux ;

« Que ces saisies, d'après ce qui précède, doivent être déclarées nulles et non avenues ;

« Qu'elles ont causé à chacune des parties un préjudice réciproque ;

« Que toutes les causes de préjudice, y compris celles résultant de la publication et la vente des photographies coloriées faites sans droit par Lecadre, se compensent et qu'ainsi aucune condamnation ne peut intervenir de ces chefs contre l'une ou l'autre des parties ;

« Par ces motifs,

« Dit que Lecadre a le droit de reproduire les deux tableaux de Picon intitulés : *L'Amour plus léger que le papillon*, et *Voilà le plaisir, Mesdames*, par les procédés photographiques et notamment par la photogravure, de les publier et de les vendre ;

« Que Barboza, comme acquéreur desdits tableaux avec droits de reproduction, a le droit de les reproduire par tous moyens quelconques ou à en autoriser la reproduction et notamment en ce qui touche les procédés photographiques, concurremment avec Lecadre ;

6.

« Dit que Barboza a seul le droit de publier
et vendre les reproductions coloriées ;

« Fait défense à Lecadre de publier et mettre
en vente des photographies coloriées à peine
de vingt francs par contravention et chaque
exemplaire dont l'existence aura été cons-
tatée, etc... »

La reproduction d'un portrait photographique, au mépris des droits de son auteur, ne
cesse pas d'être une contrefaçon parce que
certains accessoires auraient été modifiés, et
la décision qui repousse, par cette considération de droit, la prétention du reproducteur
d'avoir créé un portrait nouveau reconnaît
virtuellement l'insuffisance des modifications
dont celui-ci se prévaut pour échapper au
reproche de contrefaçon (Ch. cr., 28 nov. 1862,
DP, 63. 1. 52).

Il y a contrefaçon de portraits photographiques dans le fait de les copier au fusain et de
reproduire ensuite le dessin par la photographie, alors qu'il y aurait quelques dissemblan-
ces de détail et que les personnages reproduits seraient groupés différemment (Trib.
cor Seine, 24 nov. 1863).

Terminons cette fastidieuse énumération
de faits résolus par la jurisprudence relative-

ment à la contrefaçon, par une décision importante qui jette une certaine lumière sur une question mitoyenne de propriété et de poursuite en contrefaçon.

Le peintre qui, pour l'exécution d'un tableau a fait faire par un photographe un portrait dont il a lui-même réglé la pose, déterminé la grandeur et arrété la disposition générale, est propriétaire de l'œuvre comme l'ayant ordonnée et composée, et peut seul dès lors poursuivre les contrefacteurs, à l'exclusion du photographe, dont le concours se bornant à l'emploi de ses instruments et aux opérations matérielles de sa profession ne constitue qu'un louage d'industrie (Code civil, art. 1770. — Paris, 20 nov. 1869 ; Sirey, 70. 2. 77).

.˙.

Telle est dans ses traits principaux et dans l'état actuel de la jurisprudence, la question de la contrefaçon en matière de photographie.

Il nous paraîtrait équitable, pour sauvegarder la propriété photographique, que les points établis par le Congrés de Bruxelles de 1880 fussent scrupuleusement observés.

Voici quelle en est la rédaction d'après M. Perrot de Chaumeux, le rapporteur :

La Commission a décidé de proposer au

Congrès de voter plusieurs résolutions qui lui ont semblé sauvegarder tous les intérêts, sans cependant entraver l'industrie, et marcher trop à l'encontre des habitudes du commerce.

1° Tout photographe qui voudra conserver le droit exclusif de reproduction de son œuvre devra en opérer le dépôt ;

2° Chaque épreuve, dans ce cas, devra porter le nom et l'adresse du photographe ou la marque de l'éditeur, et en outre la mention : *déposé ;*

3° Toute photographie vendu ou mise en vente sans que ces formalités aient été remplies, tombe dans le domaine public, sauf le droit des tiers (Congrès de Bruxelles 1889, 10ᵉ question).

Avant de terminer cette partie, il convient de mentionner un arrêt récent et curieux de la cour d'appel de Toulouse, du 14 novembre 1892, donnant solution à une question pratique de la plus grande importance dans ses applications juridiques de chaque jour.

La question à juger était celle de savoir si au cours d'un procès en nullité de testament, l'une des deux parties pouvait contraindre le notaire détenteur de la minute à lui en délivrer copie sous forme d'épreuve photographique, à la condition toutefois, que le photographe vint opérer dans l'étude même, afin d'éviter tout dessaisissement de la pièce litigieuse.

La cour, infirmant l'ordonnance rendue en référé par le président du tribunal civil de Toulouse qui s'était déclaré incompétent, a rendu un arrêt dans lequel elle reconnait que la reproduction par la photographie est l'équivalent d'une copie et que le juge des référés est en droit d'autoriser cette mesure, à la condition que certaines précautions seront prises pour que l'acte à photographier ne soit ni altéré, ni endommagé.

Parmi les motifs invoqués par la Cour, nous citerons celui-ci :

« Attendu que la photographie peut servir utilement aux discussions où l'interprétation et la capacité du testateur se mettent en lumière au point de vue graphologique par exemple le travail de formation de l'écriture et en révélant, s'il y avait lieu, des altérations ou falsifications »...

Le dispositif dit que l'opération photographique aura lieu en l'étude du notaire « ou dans la cour attenante si le défaut de lumière suffisante l'exige, mais en présence du notaire et sans dessaisissement de la minute de sa part, alors en effet, qu'il suffit à l'officier public de placer l'acte sur un chevalet de la partie qui lui sera indiquée ».

La cour ordonne en terminant qu'il ne sera tiré que 25 exemplaires et que le cliché sera détruit ; le notaire apposera sa signature sur les 25, pour certifier qu'ils sont le résultat de l'opération réalisée en sa présence.

On pourrait dire qu'il est difficile au notaire de certifier que les 25 exemplaires sont le résultat de l'opération réalisée en sa présence, s'il n'a pas suivi les opérations du développement et du tirage ; — mais il est certain qu'il aura le droit de le faire, et puis, il aura toujours la faculté de collationner les épreuves avec le modèle, et de voir par là si on n'a pas substitué la photographie d'une pièce contrefaite à la noire.

DEUXIÈME PARTIE

QUESTIONS DIVERSES

CHAPITRE VII

A QUI APPARTIENT
LE PHOTOTYPE NÉGATIF
OU CLICHÉ ?

1. Position de la question ; vœux et résolutions du Congrès international de Bruxelles ; systèmes opposés. — 2. Premier système : le cliché n'appartient pas au photographe. — 3. Deuxième système : le cliché appartient au photographe. — 4. Jurisprudence.

La question se pose ainsi : la personne qui va se faire « pourtraicturer » chez un photographe est-elle en droit, — sans convention particulière, — de réclamer le phototype négatif cliché qui a servi à tirer les photocopies ou ou épreuves ? En un mot, à qui appartient le cliché fait par un photographe — amateur ou professionnel ? cette dernière hypothèse, de beaucoup la plus fréquente, est aussi la plus importante.

Dans ces deux réunions de 1889 et de 1891, le Congrès international de Bruxelles s'est occupé de cette question. Ses essais, tendant à concilier dans la mesure du possible les intérêts opposés des photographes et de leur clientèle ont abouti à quelques résolutions et vœux qui semblent donner pleine et entière satisfaction aux parties en cause.

En voici le texte formulé en plusieurs propositions :

En vue de provoquer l'adoption de dispositions législatives uniformes dans les différents pays pour protéger la propriété artistique des œuvres photographiques, le Congrès a proposé les résolutions suivantes .

1° Le droit de propriété du phototype négatif (1) en photographie est distinct du droit d'emploi de ce phototype.

(1) Le texte rigoureux des articles du Congrès porte les mots « clichés», « épreuves » au lieu des expressions plus exactes de « phototype négatif », de photocopies » : ceci se comprend d'autant moins de la part du Congrès que c'est lui-même qui, avant toutes choses, recommande et avec raison, l'emploi des termes techniques.

Pourquoi le Congrès ne se conforme-t-il pas à ses propres décisions et laisse-t-il aux auteurs particuliers le soin de rectifier ses articles sur de tels points de détail ?

2° A défaut de convention spéciale (1), le phototype négatif appartient à la personne (2) qui l'a exécuté personnellement ou fait exécuter (par des employés) ·

3° En matière de portraits, le photographe ne pourra tirer aucune photocopie des phototypes négatifs sans le consentement du modèle ou des ayants droits ;

4° Ceux-ci ne pourront contraindre, quelque prix qu'ils en offrent, le photographe à leur livrer le phototype négatif ; mais ils pourront en exiger la distinction moyennant indemnité ;

5° Les mêmes droits appartiendront à l'acheteur en ce qui concerne les photographies commandées (3). Congrès international, Résol, 10ᵉ question).

(1) M. le Dʳ Demole est d'avis, avec le Congrès, qu'il convient d'admettre que le photographe de profession, auquel un tiers aura commandé des photocopies, aura le droit de détenir le phototype négatif et que le client pour lequel ce phototype négatif aura été fait, aura le droit d'exiger qu'on ne s'en serve qu'à son usage exclusif ; mais, pour mieux préciser cette situation, il demanderait que la rédaction adoptée par le Congrès de 1889 fut modifiée et remplacée ainsi : « A défaut de convention spéciale, le phototype demeure entre les mains de la personne qui l'a exécuté ou fait exécuter. »
Il fait valoir à l'appui de ce changement que le droit de propriété implique juridiquement le droit d'usage et que l'on ne peut pas dire que le photographe qui a exécuté le phototype négatif reste propriétaire de phototype négatif s'il n'a pas le droit d'en faire usage (voir Congrès de 1891).
(2) Ce texte vise aussi bien le photographe amateur que le photographe de profession.
(3) C'est-à-dire que les mêmes s'appliqueront à tous les photographes de quelque ordre qu'ils soient.

Depuis 1892, il y a tendance générale à l'adoption de ces propositions.

Enfin, le Congrès de la propriété artistique et littéraire, qui se tiendra en 1893 à Barcelone, a mis à l'ordre du jour de ses travaux l'étude de la question du portrait et de la propriété du phototype négatif, ou de la planche.

Le principe reviendrait donc à ceci :

La propriété du phototype négatif ou cliché appartient au photographe, tant amateur que professionnel ; les textes, en effet, ne font, avec raison, aucune distinction.

Ces dispositions, formulant ainsi l'opinion de la majorité des gens compétents, ne sont pas sans rencontrer de nombreux adversaires.

Leurs arguments, il faut l'avouer, sont puissants et logiques. Aussi convient-il de les examiner d'abord pour essayer de les réfuter ensuite.

1. — PREMIER SYSTÈME.

Le phototype négatif ou cliché n'appartient pas au photographe.

1. — Le photographe est reconnu artiste par la cour de cassation, soit ; mais *il n'est*

pas propriétaire absolu au sens juridique du mot, puisque l'usage de la chose lui est enlevé.

Or, le droit de propriété, c'est-à-dire le droit le plus absolu et le plus exclusif qu'on puisse avoir sur une chose, se compose de trois éléments en l'absence desquels il lui serait impossible d'exister : le *jus utendi*, faculté de se servir de l'objet, le *jus fruendi*, droit d'en recueillir tous les produits, — et le *jus abutendi*, pouvoir de disposer de la chose d'une façon définitive en la consommant, en la détruisant ou en l'aliénant. Comment le photographe serait-il propriétaire, puisqu'il lui manque deux de ces caractères essentiels, l'*usus* et l'*abusus*, le droit d'user et de disposer ?

Il peut les acquérir cependant, mais lorsqu'il viendra réclamer, devant les tribunaux, un privilège exclusif au nom de ce droit de propriété, il ne pourra lui suffire d'affirmer son titre, il faudra qu'il le prouve.

De plus, il en est pour le photographe comme pour le peintre : le contrat qui intervient entre le peintre et celui qui commande un portrait n'est pas un contrat de vente ; c'est l'obligation prise par une personne de faire pour une autre un travail déterminé, moyennant un prix fixé. C'est le louage d'industrie (art. 1770, C. civ.).

Toutes les exigences de la jurisprudence, les défenses faites au peintre au point de vue de la vente, s'expliquent sans difficulté, si on se pose sur le terrain du louage d'industrie. Avec Troplong, on peut, à la rigueur, y voir un mandat, mais les conséquences au point de vue de la propriété sont les mêmes.

II. — Arrive alors la question de personne ; et c'est sur elle qu'insistent surtout les partisans de cette doctrine ; M. Balagny, entre autres, s'en fait le héraut :

La première propriété de tout individu est celle de son nom et surtout de son corps. Pour reproduire une propriété aussi primordiale, aussi intime, le droit accordé doit être non pas sous-entendu, mais exprès ; par conséquent (sauf conventions contraires avec l'artiste), la personne qui se fait photographier ne doit pas être considérée comme ayant abandonné le droit de reproduire le phototype négatif primitif. Donc, si le photographe n'a pas ce droit, il n'est pas propriétaire du phototype, dès lors il doit le céder pour sa valeur intrinsèque.

A l'appui de ce dire, on cite un texte étranger, le texte d'une loi suisse, l'art. 9, lettre C de la loi fédérale du 23 avril 1883, décidant que lorsque l'œuvre a été exécutée sur commande, le photographe, à moins de stipulations contraires, n'a pas le droit de reproduction.

III. — Ensuite, c'est dans le Code civil même que nos adversaires vont puiser les autres arguments à l'appui de leur thèse.

Ils raisonnent sur l'hypothèse d'un contrat de vente.

Nous sommes — disent-ils avec beaucoup de logique — en présence d'un objet mobilier. Or, on devient propriétaire d'un meuble par l'un quelconque des moyens reconnus par la loi pour transférer la propriété ; par exemple, dans la vente, l'acheteur est propriétaire. Le client achète donc l'œuvre entière, c'est-à-dire les photocopies et le phototype ; cela est si vrai que le photographe vous vend la première épreuve un prix relativement plus élevé que les subséquentes (1).

Prévoyant l'objection de l'article 2279 : « *En fait de meubles, possession vaut titre* », qui rendrait le photographe propriétaire en vertu

____

(1) En effet la première épreuve peut coûter 10 francs, par exemple, et les autres n'être vendues que 3 francs.

de la prescription, ils objectent fort habilement qu'il ne peut être appliqué ici, puisque cet article (arg⁺ al. 2) ne s'applique qu'au possesseur de bonne foi, et que dans ce cas il est de mauvaise foi, attendu qu'il a reçu au moins une partie de l'argent versé par le client au moment de sa commande.

IV. — Partant de ces principes, et invoquant l'article 566 du Code civil, — ainsi conçu :

« Lorsque deux choses appartenant à différents maîtres, qui ont été unies de manière à former un tout, sont néanmoins séparables, en sorte que l'une puisse subsister sans l'autre, le tout appartient au maître de la chose qui forme la partie principale, à la charge de payer à l'autre la valeur de la chose qui a été unie; »

— ils en concluent que les photocopies sont la chose principale, puisqu'elles ont été payées, et qu'en vertu de la fameuse règle : *Accessorium sequitur principale*, l'accessoire suit le principal. le phototype négatif doit avoir le même propriétaire que les photocopies positives.

Toutefois, nos adversaires admettent — et c'est justice à leur rendre — que le photographe ne pourrait tirer d'épreuves sans l'autorisation de son client, ou de ses héritiers ; ces derniers auraient même la faculté de détruire le phototype sans payer d'indemnité.

En définitive n'est-ce pas aboutir à une solution identique à la nôtre, solution unique, seule capable d'éviter des désordres dans la société et dans la famille ?

§ II. — DEUXIÈME SYSTÈME.

Le phototype négatif ou cliché appartient au photographe.

A priori le système précédent semble avoir une certaine valeur par ses déductions logiques; le seul reproche qu'on puisse lui faire — et il est capital — c'est qu'il part de principes faux.

Quelques lignes suffiront pour les refuter ; les *considérants* de l'arrêt de la cour de cassation en date du 9 août 1888 (1), — considérants relatés plus loin *in extenso* — dispensent d'entrer dans une discussion plus longue.

Il faut d'abord éluder le cas où photographe et client se sont entendus d'avance, car alors les conventions légalement formées

(1) Voir plus loin cet arrêt et ses considérants page 126.

7.

« tiennent lieu de lois à ceux qui les ont faites »
(art. 1134, Code civil).

1. — La négation du droit de propriété est
inadmissible. L'usage de la chose est limité ?
Mais si l'usage (*usus*), comme dans l'usufruit
et l'habitation, est un démembrement de ce
droit de propriété en matière immobilière, il
n'en est plus de même en matière mobilière ;
et c'est précisément le cas. Il ne faut point
l'oublier, le propriétaire d'un meuble en a
toujours l'usage ; or le phototype négatif est
un meuble. — D'ailleurs sur quelle base juridique établir, dans l'hypothèse. une distinction entre le droit de propriété et le droit d'emploi ? Étant meuble. l'art. 2279 du Code civil
s'applique sans difficulté, rendant le photographe propriétaire en vertu de la prescription.

Le phototype est donc bien la propriété du
photographe, témoin l'avis imprimé au dos
des photographies : « Les clichés sont con-
servés ».

Le client a commandé une ou plusieurs photocopies positives qui lui ont été livrées ; il ne
doit rien espérer de plus — sauf conventions
contraires — et il a pour lui la garantie de
l'article 4 du Congrès.

Le cliché est le type qui sert à exécuter la commande, il n'est pas le sujet de la commande. C'est une « chose », un outil : il est une partie du fonds industriel, entrant en ligne de compte dans la cession de l'établissement.

Un lithographe et un imprimeur se défont-ils en faveur de leurs clients des pierres et caractères qui leur ont servi et peuvent leur servir à nouveau ? En admettant pour un instant que le photographe soit un artisan, assimilé à l'imprimeur, les clichés sont sa propriété, ses archives, son gagne-pain.

D'ailleurs, tout en étant outil, le phototype revêt un ceractère artistique. L'œuvre artistique complète se manifeste dans la photographie terminée ; mais le phototype tiré, retouché, n'en est-il pas la majeure partie ? Or, remettre le phototype au client, n'est-ce pas s'exposer inprudemment à voir le premier venu tirer des épreuves détestables de son œuvre, de la valeur desquelles il sera responsable tant au point de vue artistique qu'industriel. Il ne viendra jamais à l'idée, en effet, d'imputer les défauts constatés à un autre qu'à lui : personne ne pensera à accuser le tirage :

Les épreuves ne sont pas — et les contradicteurs l'ont reconnu — la chose principale, mais l'effet, le but définitif.

Le photographe n'a donc pas voulu courir un risque pareil. La convention tacite de vente ne doit donc pas être présumée.

Le maintien du phototype dans les réserves du photographe est une garantie pour celui-ci, et constitue un fonds donnant une valeur réelle à sa maison, valeur que le client ne saurait diminuer sans indemnité.

Ainsi donc, si on le considère comme un artiste, l'article 1er *in fine* du décret-loi des 19-24 juillet 1793 le couvre entièrement (1).

De plus, il ressort nettement du prix demandé qu'il est relativement trop minime pour représenter la valeur du phototype. Gardant le cliché, le commerçant a espoir de livrer de nouvelles photocopies au client, si le portrait a su lui plaire. Et même lorsque le photographe fait payer la première photocopie 10 francs par exemple, et les suivantes 3 francs, il n'entend pas faire payer le phototype négatif, mais bien se préserver des clients peu délicats, et faire payer le temps, le déplacement, la retouche, les bains qui donnent forcément à la première épreuve un prix plus élevé.

(1) Voir page 13 le texte de cet article ; et dans le chap. xiv, (au mot Suisse), ce qui est dit de la loi fédérale du 23 avril 1883.

Quant à l'article 9, lettre C, de la loi fédérale suisse(1), il est parfait et conforme au droit, à la justice et au bons sens de tous les pays. Mais de ce que le photographe « n'a pas le droit de reproduction » il ne s'ensuit pas que la propriété du cliché n'est pas la sienne, et cela est si vrai qu'il peut le détruire, l'effacer, si cela lui convient. S'il le conserve, c'est dans l'espoir qu'on lui en redemandera des épreuves.

II. — Sans vouloir comme M° Vannois (1), critiquer la théorie du droit sacré et inaliénable que chacun a de sa figure — critique qui répond à merveille aux observations de Balagny — l'auteur de ce livre se permettra de présenter une distinction qui lui paraît plus simple, plus rationnelle : on peut établir selon lui, un lien de coordination entre les diverses considérations particulières à chaque système, et distinguer, d'une part, la propriété *matérielle* et, d'autre part, la propriété *immatérielle* du cliché.

Dans le premier cas, nul doute : le phototype négatif reste la propriété du photographe, comme une planche d'impression, une gravure reste la propriété de l'imprimeur ou du gra-

(1) **Vannois,** *Du droit sacré et inaliénable que chacun a de sa figure.*

teur, si on ne lui a pas payée en dehors du
tirage des épreuves.

Le photographe peut céder le phototype
négatif pour un prix à débattre avec la personne qui a posé ou ses ayants droits, ce qui
confirme son droit de propriété; mais, si l'offre
ne lui convient pas, on ne saurait l'y contraindre pas plus que de conserver le cliché ; s'il
était la propriété du client, il est évident que
le photographe ne pourrait ni le détruire, ni
utiliser le verre pour d'autres travaux. Or
rien ne conserve cette obligation de conservation. Le travail fait, le photographe livre la
commande, en reçoit le montant, et la tran-
saction se trouve terminée. Après quoi il est
libre de le détruire, de le briser ou de l'effacer
afin de se resservir du verre pour d'autres
opérations, — ceci toujours à moins de conventions formelles.

Dans le cas de documents. de correspon-
dances ou de papiers d'affaires produits pour
les besoins d'une cause légale, le client peut
exiger que le cliché soit effacé. Aucun doute
n'est possible (1) à cet égard, car l'hypothèse

(1) Il ne peut aussi arriver fréquemment que *phototype négatif seul* soit commandé au photographe : sans
aucun tirage, par exemple quand il est destiné à être
reproduit par un précédé photomécanique en usage :

rentre dans le domaine de la propriété immatérielle, qui *toujours* doit appartenir au client (1).

Si la propriété matérielle du cliché doit être attribuée au producteur, il est évident que cette propriété n'influe en rien sur la propriété immatérielle, et que le photographe n'est nullement autorisé à en faire usage pour des causes illicites, contre les intéressés.

Cette question de la propriété immatérielle du cliché, qui touche plutôt la morale que le droit, est affaire de convenances et de conscience, et nous la retrouverons traitée avec plus de détail au sujet des portraits pour lesquels elle a une importance encore plus grande ; elle consiste pour le photographe à ne pas faire un usage abusif du cliché.

III. — Quant aux arguments tirés du Code civil, les partisans du premier système, lorsqu'ils invoquent la *vente* comme mode d'acquisition de la propriété du phototype négatif n'envisagent que l'hypothèse du photographe professionnel.

mais alors, dans ce cas, en fixe à l'avance le prix du cliché qui forme lui même l'unique objet du marché.

(1) Voir une curieuse application dans les chap. VI, pages 105 et 106 (arrêt de la cour de Toulouse du 14 novembre 1892).

Que répondre alors dans le cas d'un amateur faisant un portrait, ou reproduisant un tableau, un monument, un paysage? Il faudrait admettre deux solutions, or, dans sa généralité la loi ne doit point distinguer, *lex non distinguit*.

Mais supposons qu'il ne s'agisse que d'un professionnel. Les adversaires du second système admettant l'hypothèse de vente, ne peuvent plus contester que le photographe soit propriétaire du phototype négatif; car nier la propriété, c'est nier la vente.

Le contrat de vente, en effet, n'est parfait entre les parties, et la propriété n'est acquise de droit à l'acheteur à l'égard du vendeur, selon les termes mêmes de l'article 1583 du Code civil, « que lorsqu'on est *convenu* de la *chose* et du *prix* ». Un accord des parties contractantes, *consensus*; ensuite un prix, *pretium*; enfin une chose, *res*; voilà les 3 éléments essentiels, constitutifs du contrat.

Or la *res*, l'objet de la vente comprendrait, outre les photocopies, la planche qui les a produites, c'est-à-dire le phototype? On a répondu qu'il intervenait une convention tacite entre le commerçant et son client, convention par laquelle la propriété du phototype serait en même temps transférée. Mais pourquoi voir dans cette hypothèse un accord tacite, une convention sous-entendue? Les circonstances de fait importent peu; il faut se renfermer dans le droit strict; et l'argument précédent par lequel le phototype n'est pas le sujet de la commande, mais bien l'outil du photographe, une partie de son fonds industriel, est la meilleure réponse que l'on puisse faire à ces objections.

IV. — Enfin prétendre, en arguant de l'art. 566 du Code civil, que les photocopies sont la chose principale, et le phototype l'accessoire, dont la condition juridique est intimement liée au principal, paraît fort discutable. Les épreuves n'ont-elles pas été engendrées par une planche? Or l'effet deviendrait le principal, et la cause productrice l'accessoire?

De plus l'art 566 n'est point applicable parce que le cliché et l'épreuve ne sont pas « deux choses..... unies de manière à former un tout »; l'une et l'autre n'ont de corrélation que par une juxtaposition appropriée.

Telles sont brièvement les réponses qui peuvent être faites à la théorie des adversaires de la propriété du phototype négatif ou cliché.

§ III. — LA JURISPRUDENCE ACTUELLE

Quel est donc l'avis de la jurisprudence ?

Reconnaît-elle à la personne photographiée ou à ses représentants, le droit de se faire remettre le phototype négatif ou cliché ?

Le tribunal de la Seine, par un jugement du 11 novembre 1859 (*Gaz. des Trib.* du 15 nov. 1859) avait admis la prétention des héritiers d'une personne décédée de se faire remettre le phototype négatif du portrait de leur auteur conservé par le photographe qui l'avait exécuté.

Mais la cour de Paris confirma la doctrine admise dans un arrêt du 20 novembre 1867, qui décidait « que les clichés reproduisant une œuvre d'art restent la propriété du photographe, à moins de stipulations contraires à condition de n'en pouvoir faire usage qu'avec l'autorisation du propriétaire de l'œuvre d'art, qui peut exiger qu'ils soient effacés. »

Dans un arrêt fameux du 9 août 1888 (Sirey. 1. 90. 2. 241), la première chambre de la cour d'appel de Paris, adoptant les motifs d'un jugement en date du 18 novembre 1885, rendu par le tribunal civil de la Seine, établit son système par des solutions que l'on peut ainsi résumer :

1. En l'absence de toute stipulation spéciale, la personne qui a fait exécuter par un photographe un portrait, ne devient pas propriétaire du phototype négatif, et par conséquent ne saurait exiger que le cliché lui soit remis.

On ne saurait voir la preuve d'une convention dans ce fait que la première épreuve a été payée plus cher que les autres ; cette différence de prix, d'un usage constant chez les photographes, représente les soins donnés par l'artiste à la création et à la perfection du portrait, mais ne doit pas être considérée comme comprenant implicitement le prix du cliché.

2. Le droit du photographe sur le phototype négatif demeure d'ailleurs étroitement limité : et la personne, dont les traits sont reproduits, est en droit de s'opposer à ce qu'il soit fait sans son consentement aucun usage du cliché conservé.

3. Enfin le photographe ne peut vendre ledit cliché isolément, mais la cession de son fonds de commerce entraine la vente en bloc de tous les phototypes négatifs qui passent alors .

aux mains de l'acquéreur avec les mêmes droits et les mêmes obligations.

La personne qui a fait exécuter son portrait n'est donc pas fondée lors de la vente du fonds du photographe à demander que le cliché soit distrait de cette vente.

Ainsi, dans l'espèce visée par l'arrêt, M. le Comte X*** avait fait exécuter son portrait et celui de sa femme au cours des années 1860 et 1861 par M. Adam Salomon. Ce dernier étant décédé, ses héritiers mirent en vente son fonds de commerce dont la valeur se composait principalement des clichés de photographies par lui produites. M. X*** s'opposa à ce que les siens fussent compris dans la vente, il les réclama comme étant sa propriété, et les fit distraire provisoirement par ordonnance de référé. Mais il fut déclaré mal fondé dans sa demande par ce jugement du tribunal civil de la Seine confirmé par la cour d'appel de Paris.

Et dans les considérants, nous trouvons tous les arguments favorables à la théorie que nous avons exposée comme la plus juridique et la plus équitable :

« Au fond, la cour d'appel adoptant les motifs des premiers juges :

Première question — «Attendu que X... (c'est-
à-dire la personne qui a fait exécuter son portrait) réclame aux héritiers d'Adam Salomon
deux clichés photographiques qui ont servi
à faire son portrait et celui de sa femme, et
dont il se prétend propriétaire ; — attendu
qu'il ne justifie d'aucune convention particulière lui conférant expressément la propriété
de ces clichés : qu'il produit, il est vrai, trois
quittances, desquelles il résulte que le prix de
la première épreuve de chaque portrait était
de 100 francs alors que les autres épreuves
ont été payées 25 francs seulement ; — qu'il
prétend induire de ce fait la preuve que le
prix de la première épreuve comprenait implicitement le prix du cliché ; — mais que
cette différence de prix, d'un usage constant
chez les photographes, représente les soins
donnés par l'artiste à la création même de
l'œuvre, l'emploi de son temps, l'étupe de la
pose, le choix et l'agencement des accessoires,
la combinaison des lignes et des effets d'ombre
et de lumière, en un mot tout ce qui doit assurer la perfection du portrait ; — que les autres
épreuves, au contraire, n'exigent qu'un travail purement matériel, pouvant être exécuté
par des employés ; — qu'en l'absence de toute
stipulation spéciale, le tribunal a donc à

rechercher si le cliché devient la propriété de la personne qui a fait faire son portrait par un photographe ;

«Attendu que, par le contrat qui intervientà ce moment, le photographe s'engage à livrer aux clients, moyennant un prix déterminé, une ou plusieurs épreuves du portrait qui lui est commandé ; — qu'une fois la livraison effectuée et le prix payé, le contrat se trouve pleinement exécuté, et que dès lors le photographe aurait le droit de détruire le cliché ; — mais que, suivant un usage général, qui est habituellement porté à la connaissance du public, il conserve plus ou moins longtemps ce cliché, pour permettre au client de faire tirer dans l'avenir de nouvelles épreuves ;

«Attendu qu'ordonner la remise du cliché au client serait évidemment contraire à l'esprit du contrat; — qu'en effet, si le photographe s'est engagé à livrer un certain nombre d'épreuves, il n'a jamais entendu fournir à son client le moyen d'en reproduire lui-même en nombre indéfini; — que cette remise pourrait avoir de graves inconvénients pour la réputation et les intérêts du photographe, et permettrait notamment de découvrir les procédés particuliers qu'il emploie, et qui sont souvent le fruit de longues recherches ;

«Attendu, d'ailleurs, que le droit du photographe sur le cliché est étroitement limité; — que la nature du contrat, aussi bien que les conventions sociales, exigent qu'il ne puisse en faire aucun usage sans le consentement de la personne dont les traits sont reproduits; — que le droit du client, à cet égard, est absolu.. »

Deuxième question. — ... « Attendu que les clichés ne doivent pas être vendus isolément; — qu'ils constituent un des principaux éléments du fonds de commerce, et qu'ils passeront entre les mains de l'acquéreur, dans les conditions où ils étaient aux mains de Z... (le prédécesseur) avec les mêmes droits et les mêmes obligations;

«Par ces motifs, le tribunal déclare X. . mal fondé en sa demande, etc... »

De ces conclusions, ressort évidemment l'avis de la jurisprudence :

Le cliché est l'œuvre du photographe, et, à défaut de conventions particulières, celui-ci est en droit de s'opposer à ce que son œuvre soit remise à un tiers qui se trouverait ainsi avoir la faculté d'en faire un usage nuisible à la réputation et aux intérêts du photographe. Il a donc le droit de le conserver, mais sous la condition de n'en pont faire usage contre le gré et sans l'assentiment de son client.

On objecte, il est vrai, que la conservation des clichés permettra au photographe ou à son successeur de reproduire le portrait sans autorisation de la personne photographiée. Mais, aux termes de la jurisprudence, la personne photographiée ou ses représentants auraient le droit incontestable de demander la suppression de ces reproductions... « considérant que le cliché et les épreuves des portraits obtenus par la photographie demeurent incontestablement la propriété de ceux dont ils reproduisent les traits, et, après leur mort, de leurs héritiers ; *en ce sens que, ni le photographe, ni à plus forte raison des tiers, n'ont le droit de les exposer en public, de les reproduire, de les vendre, ou même de les distribuer sans leur consentement.* » (Lyon 8 juillet 1887 ; DP, 88. 2.180.)

La première chambre de la cour de Lyon a admis également des conclusions analogues dens le but de sauvegarder les intérêts privés et personnels du modèle :

1° Le cliché et les épreuves de portraits obtenus par la photographie demeurent la propriété de ceux dont ils reproduisent les traits, et, après leur mort, de leurs héritiers ;

2° En conséquence, ni le photographe, ni à plus forte raison des tiers n'ont le droit de les exposer en public, de les reproduire ou faire reproduire, de les vendre ou de les distribuer, même gratuitement, sans le consentement de la personne photographiée ou de ses héritiers :

3° Ainsi donc le photographe qui justifie de l'autorisation à lui donnée par la famille d'une personne de reproduire et de vendre le portrait photographique qu'il a fait de cette personne est en droit d'actionner en dommages-intérêts le photographe qui a exécuté et mis en vente des reproductions de ce portrait.

Quant à nous, nous serions d'avis que dans le cas d'usage abusif la justice prononçât la destruction du phototype négatif (1). Mais ce n'est là qu'un point de détail, et la jurisprudence a suffisamment sauvegardé les intérêts des personnes.

(1) Voir un arrêt du tribunal civil de la Seine (16 juin 1858, DP, 58. 3. 67), sur lequel nous reviendrons d'ailleurs.

CHAPITRE VIII

LE
PHOTOGRAPHE PROFESSIONNEL

1. Position du problème : distinction entre l'amateur et le professionnel. — 2. Conséquences de la qualité de commerçant. — 3. L'acte photographique et l'acte commercial. — 4. Premier système : le photographe n'est pas commerçant. — 5. Deuxième système : le photographe est commerçant. — 6. Troisième système : opinion mixte.

Si l'œuvre photographique revêt un caractère artistique, faut-il aller jusqu'à soutenir, — ainsi que d'aucuns le prétendent, — que le professionnel, comme l'amateur, est et sera un artiste *stricto sensu* dans le sens étroit du mot, c'est-à-dire au même titre que le peintre, le sculpteur, le dessinateur ? Ne fait-il donc pas acte de commerce en me vendant ce portrait dont je lui ai fait commande : en reproduisant et en débitant ces photocopies diverses qu'il se plaît à étaler agréablement dans sa vitrine, comme autant d'affiches et d'annonces invitant les passants?

Sans parler des *théoriciens*, c'est-à-dire de ceux qui, dans un but exclusivement scientifique, s'occupent des découvertes et des perfectionnements à apporter en photographie, — et pour ne traiter que des seuls *praticiens*, il convient avant tout de délimiter le caractère spécial des amateurs et des professionnels, et d'assigner à chacun d'eux leur sphère d'action respective.

Cette distinction classique et rationnelle, a été l'objet de discussions récentes que nous avons peine à comprendre. — D'aucuns y voient une source de controverses vives et de difficultés sérieuses : l'intérêt de la question existe, selon eux, non seulement pour le classement à établir dans les expositions commerciales et industrielles, mais aussi juridiquement, sur le point de savoir s'il est permis aux amateurs d'accepter parfois une légère rémunération de leurs productions artistiques. Doit-on séparer d'une façon radicale, se demandent-ils, amateurs et professionnels?

A notre avis, rien de plus simple. Nul doute qu'une délimitation s'impose, car ni l'objet, ni la cause ne permettent de confondre deux catégories de praticiens, si différents par essence et par nature.

Sont *amateurs*, et peuvent être réputés tels, ceux qui, indépendamment de leurs occupations ordinaires, soit comme passe-temps agréable, soit comme pure satisfaction d'amour-propre, paraissent avoir un goût marqué, une prédilection particulière pour certaine branche d'une science ou d'un art ; ils la cultivent passionnément, avec une intention artistique bien exercée, sans qu'aucune idée de lucre ou de bénéfice vienne en ternir le sentiment désintéressé.

Et, par ce seul fait qu'ils n'envisageront que l'élément artistique ; qu'ils ne jugeront les épreuves que sur le groupement des modèles, le choix des sujets, la perfection des lignes, la pureté de tons ; qu'ils ne verront dans une exposition qu'une occasion de développer leur goût esthétique ; ils apporteront dans l'art photographique des améliorations et des modifications qui lui seront pour l'avenir d'une grande utilité.

Qu'importe si quelques-uns, flattés par les offres alléchantes de connaisseurs habiles et enthousiastes, tentés par des estimations respectables qui leur sont faites au sujet de leurs épreuves, cèdent quelques clichés ou quelques photocopies à un éditeur ou à un amateur ! N'est-ce pas une récompense légitime de leur talent, une rétribution assez juste de leur temps et des frais que lui a nécessités la confection de l'œuvre. Bien ridicule celui qui menacerait d'une patente ou qui qualifierait de trafic la vente d'un tableau de maître par son auteur, peut-être à court d'argent (1).

Tout autres sont les *professionnels*, faisant un usage permanent d'un métier spécial, d'une industrie déterminée, dans le seul but d'en retirer un profit commercial qui leur permet de faire face aux frais généraux, aux charges de leur profession et à la patente souvent forte à laquelle la loi les soumet. Artistes parfois, souvent même, je le veux bien ; mais artistes dans le seul intérêt de leur commerce, ne recherchant la perfection des produits que pour l'augmentation de la vente. Une exposition ne sera pour eux qu'un lieu

---

(1) Quant à ceux, — et nous en connaissons en province, — qui exercent *réellement* la profession de photographe sans payer patente ; qui vont dans les villages photographier les gens sur le seuil de leur porte ; qui, avec ou sans factures, offrent leurs épreuves dans le but d'en retirer un prix quelconque ; il n'y a aucune hésitation, aucun scrupule possibles. Ils font tort aux professionnels ; la loi est formelle, ils doivent être poursuivis.

8.

de travail une manière de publicité, et les médailles qu'ils acquerront seront considérées comme une plus-value de leur fonds commercial, un moyen de répandre leur raison sociale et leur adresse, un appel à l'attention de la clientèle.

**

Mais ces derniers, il convient de se demander si, en droit, ils sont réellement *commerçants*.

La question, fertile en considérations juridiques, et du plus grand intérêt pratique, intéresse surtout la foule des photographes professionnels, et comme telle, mérite d'être traitée.

Ses conséquences sont importantes : admettre comme commerçant le photographe professionnel, c'est-à-dire reconnaître selon la définition rigoureuse mais exacte de l'art. 1 du Code de commerce qu'il « *exerce des actes de commerce, et en fait sa profession habituelle* » c'est lui attribuer tous les avantages en même temps que toutes les obligations et charges spéciales qui n'appartiennent ou qui n'incombent qu'aux commerçants.

A. — Comme prérogatives, il jouira de nombreux droits, reconnus par la loi, et notamment :

1. Il sera justiciable des tribunaux de commerce (art 631 C. com.). Toutes les difficultés, tous les litiges, tous les procès et chicanes qu'il aura à soutenir, tant comme demandeur que comme défendeur, seront de la compétence de la juridiction commerciale qui offre plus de connaissance de ces sortes d'affaires, plus de célérité dans l'issue des décisions, et plus d'humanité dans ses frais de justice;

2. Il sera électeur et éligible à ces tribunaux (art 618 et 620 modifiés par la loi du 21 décembre 1871) et aux Chambres de commerce (loi du 8 décembre 1883 et décret du 22 janvier 1872).

3. Le système de défense qu'il aura à faire valoir et qui pourra être admis sera régi non plus par les art. 1341 et suiv. du Code civil, mais bien par l'art. 109 du Code de commerce, d'une importance capitale puisqu'il donne au juge toute latitude d'appréciation et autorise tous les moyens de preuves.

Il pourra entre autres invoquer ses registres comme preuve, avec certaines distinctions prévues par les art. 12 et suiv. du C. de com. et 1329 du C. civ.;

4. Dans les billets qu'il signera, il sera dispensé du « bon et approuvé » exigé par l'art. 1326 du C. civ.:

5. Il pourra fixer librement le taux de l'intérêt de l'argent employé dans son commerce (loi du 14 janvier 1886).

B. — Est-il commerçant? il sera astreint de satisfaire aux obligations et charges spéciales de ceux qui de droit sont considérés comme tels; — c'est-à-dire qu'il devra :

1. Tenir des registres et dresser un inventaire tous les ans (art.. 8, 17 C. com. 1329 et 1330, C. civ.). L'utilité d'avoir des livres consistera, pour lui, en ce qu'il saura où il en est de ses affaires; en ce que, s'il vient à cesser ses paiements, le liquidateur ou le syndic de la faillite, pour juger sa conduite, aura le droit de les prendre, sous peine, pour le commerçant qui s'y opposerait, de subir une condamnation comme banqueroutier simple (art. 586 § 6 C. civ.) s'il n'en avait pas, ou comme banqueroutier frauduleux s'il les cachait (art. 591 C. civ. ; art. 402 C. pén.).

D'ailleurs cette obligation d'avoir livre-journal, copie de lettres, livre d'inventaire, grand livre, livre de caisse etc... a l'avantage de lui procurer un moyen de preuves en cas de difficulté litigieuse (art. 12. C. com.) :

2. Publier spécialement son contrat de mariage (art. 65 à 70 C. civ., loi 10 juillet 1850),

dans l'intérêt des tiers ou des époux suivant les régions adoptées, — c'est-à-dire, selon les formes prescrites à l'art. 872 du C. pr. civ., formes consistant en : « affiches apposées dans quatre endroits : au tribunal civil, au tribunal de commerce, à la chambre des avoués, à la chambre des notaires » ;

3. S'il fait des billets, s'il contracte des obligations et engagements, la présomption sera que les premiers ont été faits pour leur commerce et par là même commerciaux, (art. 638, 2° al. C. com.) ; de même les seconds, c'est-à-dire les engagements qu'il contractera avec un autre commerçant, seront présumés commerciaux (art. 631 § 1 et 632 §6 C. com.) quelle que soit la forme sous laquelle ils auront été contractés ;

4. Il lui sera impossible de faire une cession de biens (art. 541. C. civ.) ;

5. En cas de cessation de paiements, il sera déclaré en faillite (art 437 C. com.) et non en déconfiture, ce qui entraîne de graves conséquences au point de vue de la situation du débiteur et des droits des créanciers, d'où possibilité d'être puni, suivant les circonstances, des peines de la banqueroute simple ou frauduleuse ;

6. Soumission à la contrainte par corps de

droit commun pour toute dette supérieure à 200 fr. ; mais ce cas de contrainte par corps a été supprimé par la loi du 22 juillet 1867 ;

7. Si le photographe est un homme marié ou un rentier, il sera soumis à des conditions particulières formulées par les art. 2 et 7 du C. com ;

8. Obligation de payer patente : mais cette simple mesure fiscale n'est pas absolument spéciale aux commerçants ; elle s'impose à d'autres professions (loi du 25 avril 1844), modifiée par la loi du 15 juillet 1880.

Voilà donc les conséquences qui découlent de la qualité de commerçant ; il était nécessaire de les esquisser légèrement, afin de montrer de quelle utilité peut-être la question que nous nous proposons de discuter et de résoudre.

Ce qui fait le commerçant, avons-nous dit, c'est l'exercice habituel des actes de commerce : or la question revient à celle-ci :

Le photographe fait-il acte de commerce ?

Et d'abord, pour se mettre d'accord sur la signification et la portée des mots et des idées, il est nécessaire de préciser ce qu'on entend par acte de commerce.

Bien qu'on ait souvent essayé de définir l'acte de commerce, et qu'il vaille mieux se contenter de l'énumération limitative des art. 631 et suiv. du C. civ., établissons pour plus de clarté qu'un acte peut être réputé commercial pour la personne qui le fait, lorsqu'elle n'entend être qu'un intermédiaire, spéculant sur la transmission de la valeur qui fait l'objet du contrat.

Or, faut-il faire rentrer l'acte photographique dans l'une des catégories énoncées par l'art. 632 C. civ., par exemple dans « tout achat de marchandises pour les revendre, soit en nature, soit après les avoir travaillées et mises en œuvre… » ou dans « toute entreprise de manufacture ? ». J'inclinerai vers cette dernière solution, bien qu'avec la précédente, il faut l'avouer, elle offre une grande analogie.

Si on suppose un manufacturier qui achète pour revendre, la distinction est inutile, et la deuxième partie se confond avec la première ; mais elle est utile, car elle ne comprend pas l'achat des matières premières et on va tout à l'heure en comprendre l'importance pour le sujet qui nous occupe.

L'acte aussi veut donc qu'il y ait entreprise, c'est-à-dire répétition : un civil ne pourrait pas le faire isolé ; par exemple, l'amateur photographe, satisfait du phototype négatif qu'il a tiré et de la photocopie qui en est résultée, se hasardant à en tirer quelque émolument ; assurément il ne fait pas spéculation dans le sens juridique du mot, et tout acte de commerce exige une idée de spéculation.

Ce qui est certain, et ceci nous fait rentrer au cœur même de la question, c'est que le simple artisan n'est point commerçant, ni par les textes du Code de commerce, ni par le raisonnement, quand bien même il travaille à son compte personnel.

Ceci est la source de deux difficultés.

Voyons d'abord la première : si cet artisan a des aides, des apprentis, devient-il entrepreneur de manufactures, c'est-à-dire commerçant ? Question délicate assurément ; qui dit artisan, dit individu jouissant d'une médiocre fortune, et porté par sa condition à vivre d'épargnes et d'économies, tout en s'efforçant de conserver sa liberté, sans l'aliéner à autrui : hypothèse fréquente chez les photographes. Or le reconnaître commerçant, c'est l'astreindre à publier entre autres son contrat de mariage, d'où frais énormes pour une petite bourse, et il se refusera à le faire.

Voulez-vous donc le forcer à renvoyer ses aides? S'il les a, c'est que sa clientèle l'exige; concluons donc qu'il est, et reste artisan, sans devenir commerçant. Toutefois il faut ajouter que si son métier consiste à surveiller ses ouvriers à les diriger sans travailler lui-même manuellement, il y a spéculation sur le labeur de ceux qui sont sous ses ordres, et par conséquent entreprise de manufacture.

Une deuxième difficulté naît de ce que l'artisan achète les matières premières de son travail par exemple, pour le photographe, clichés, papier, collodion etc... Cet achat de la matière première, on le sait, a un caractère accessoire pour l'écrivain, le peintre, le sculpteur; ce qu'il vendra c'est son œuvre, son talent et non la matière transformée.

De même pour l'artisan, il ne fera point acte de commerce, si on constate qu'il ne spécule pas sur la matière première, c'est-à-dire s'il la compte au client le prix marqué, en n'exigeant que le prélèvement du prix de son travail.

.˙.

Des considérations précédentes, rien n'est plus facile maintenant de répondre à la question telle qu'elle a été posée.

L'achat des matières premières fait par un

photographe, qui se propose de les employer pour l'exercice de sa profession et de les revendre transformées dans l'œuvre photographique, est-il un acte de commerce ?

A cela il faut faire une distinction, et partant des principes énoncés, relever les deux opinions qui ont cours tant en théorie qu'en pratique, en doctrine qu'en jurisprudence. Déclarons de suite que nous ne partageons ni l'une ni l'autre, et que, à notre avis, en égard d'une part, — aux hésitations et aux tâtonnements des tribunaux, — d'autre part aux arguments produits en faveur des deux thèses, il faut chercher la vérité dans une théorie mixte, participant de l'une et l'autre à la fois ; — théorie tellement avantageuse et équitable en pratique, que juridictions civiles aussi bien que commerciales se sont rangées en définitive de son côté : aussi peut-on dire qu'elle est presque universellement admise aujourd'hui en jurisprudence.

1. — La première opinion est trop catégorique, trop tranchée : *Non*, dit-elle, le photographe professionnel n'est pas commerçant. C'est un artiste ; il emploie des procédés artistiques pour lequel l'achat de certaines matières est indispensable ; de telle sorte que ces

matières n'ont qu'un caractère accessoire, comme les couleurs dans l'œuvre du peintre d'art. Or, en vertu de la règle que l'accessoire suit le principal, *accessorium sequitur principale*, les matières fournies disparaissent devant la qualité de l'artiste, devant son talent ; elles n'ont été qu'un moyen.

La jurisprudence française n'a jamais osé consacrer cette théorie professée par de rares auteurs, M. Beslay entre autres, (1) ni reconnaître qu'au photographe ne pouvait s'appliquer l'article 1 du C. com. Le seul arrêt qu'il convient de citer en ce sens, émane d'une cour étrangère, la cour de Malines (2). Notre jurisprudence a eu raison, car la conclusion juridique des partisans de cette doctrine est quelque peu excessive.

Nous avons été des premiers à reconnaître, dans notre ouvrage, qu'une œuvre photographique a le plus souvent un caractère artistique, et nous restons fidèle à cette manière de voir.

Mais ici, dans l'hypothèse du photographe professionnel, il s'agit d'un tout autre ordre

(1) Voir Beslay, *Commentaire du Code de commerce* I, 23.

(2) Voyez Malines 22 avril 1880. Sirey 81. 4. 31 et *Journal du Palais* 1881, page 262.

d'idées. Combien en trouvons-nous de ces métiers commerciaux, exigeant non seulement du goût, mais du talent, de l'art, dans la propre acception du mot, et qui ne rougissent pas de se considérer comme commerçants, par exemple les tapissiers, les marchands de meubles, les reproducteurs de statuettes, de bronze, etc... ?

11. — *C'est donc un commerçant*, n'hésitent plus à proclamer les contradicteurs ; c'est un commerçant, car il achète des matières premières, papiers, collodions, substances chimiques, etc., et les revend après les avoir transformées comme le fait un peintre en bâtiment. De pratique usuelle, pendant longtemps cette thèse fut celle de la jurisprudence, qui encore aujourd'hui avec raison, la considère comme juste et équitable (1).

Dans nombre de cas la photographie n'est qu'une industrie ordinaire consistant dans l'achat, la mise en œuvre et la revente des marchandises sur lesquelles on opère, ce n'est pas

(1) Seine, 14 déc. 1860, *J. des Trib. de Com.*, X, p. 85. — Seine, 12 déc. 1863. *Annales propr. indust.*, 1863, p. 396. — Bordeaux, 26 fév. 1864. *Recueil de Bordeaux*, 1864, p. 87, et *Journal de Marseille*, 1864, p. 75. — Justice de paix de Nantes, 11 août 1869. *J. de Nantes*, 1869, p. 378.

un art, mais bien une industrie graphique ; conséquemment le tribunal de commerce est compétent pour connaître des contestations relatives à l'exploitation des photographies ; de plus la reproduction des clichés permet d'en faire l'objet d'une spéculation commerciale.

Le tribunal de la Seine, dans les considérants de l'un de ses arrêts, en donne les motifs suivants :

« Attendu que, les produits sont les résultats d'une manipulation industrielle et peuvent être obtenus par des procédés purement mécaniques ;

« Attendu que par la reproduction indéfinie des épreuves photographiques au moyen de clichés, ces produits sont répandus dans le commerce et que, dès lors, il y a lieu d'assimiler la photographie à toutes les autres industries graphiques à l'égard desquelles le tribunal est compétent.. ; décide... »

Mais nous répondrons à M. Ruben de Couder (1), — l'apôtre zélé de cette doctrine, — que, s'il a raison en pratique, on pourrait lui objecter la minime valeur du papier, du collodion et des autres produits dont se sert le photographe qui, dans le prix relativement élevé

(1) Ruben de Couder, *Dict. de dr. comm*, t. I. v. Acte de commerce n° 52 ; — et tome II, Commerçant, n° 20.

des photocopies qu'il débite, cherche seulement la rémunération de son travail.

III. — Aussi croyons-nous l'opinion mixte la plus équitable, la plus juste, la plus juridique ; il faut se référer aux deux hypothèses que nous avons soulevées précédemment, et leur appliquer les solutions qu'elles comportent ; il suffit de les poser, renvoyant pour plus de détails à la discussion précédente, faite à leur sujet.

Si le photographe professionnel travaille seul ou avec peu d'aides, c'est un artisan et comme tel il n'est pas commerçant ; hypothèse la plus fréquente, sinon à Paris, du moins dans la plupart des villes de province.

Si, au contraire, il a une grande maison, — ou si, se prévalant de la qualité d'action, il se contente, non plus de travailler, mais de surveiller ses ouvriers, de les diriger, il fait acte de commerce ; car il spécule sur le travail de ses aides ou de ses apprentis. Alors, dans ce cas, on peut le considérer comme entrepreneur de manufacture, profession visée dans le deuxième alinéa de l'article 632 du Code de commerce. Il est commerçant, et comme tel assujetti aux conséquences juridiques attachées à cette qualité, conséquences que nous avons énumérées au début de cette étude.

Telle est, à notre avis, la réponse que l'on peut faire à la question de savoir si le photographe professionnel fait des actes de commerce.

CHAPITRE IX

LA QUESTION DU PORTRAIT

1. Un portrait peut-il être exposé ou vendu sans le consentement du modèle ? — 2. Jurisprudence. — 3. Un portrait peut-il être reproduit ?

Les photographes de profession, soit par amour-propre légitime, soit par rouerie de métier, se plaisent à étaler leurs produits dans les vitrines de leurs magasins, en particulier les figures d'une célébrité contemporaine, d'un personnage illustre, d'une jolie femme, ce qui procure le plus souvent un certain plaisir vaniteux à ceux qui se voient ainsi exposés.

Cependant, dans ce simple fait, il y a matière à arrêts de jurisprudence.

C'est en effet une question délicate que de

savoir si l'image d'une personne peut être classée parmi les choses qui sont dans le commerce, et s'il est permis d'en trafiquer sans le consentement de celle-ci.

Un peintre, Jacquet, obéissant à un ressentiment personnel, envoya en février 1882, à l'exposition des aquarellistes, sous le titre « Marchand juif », un tableau qui représentait Alexandre Dumas fils, vêtu d'un cafetan et tenant un bazar oriental. Le tableau fut ensuite exposé publiquement dans les galeries de Georges Petit.

Le tribunal civil de la Seine, dans son jugement du 20 juin 1884 (Gaz. du Palais 1884, 2. suppl. 83), fit défense à Jacquet et à ses ayants cause de livrer à la publicité le tableau « le Marchand juif » de quelque manière que ce fût, réservant au demandeur tous ses droits et actions, pour le cas où il serait contrevenu à la défense ; «... — attendu disait, entre autres considérants ledit jugement, — qu'Alexandre Dumas serait en droit de réclamer, alors même que le défendeur aurait emprunté ses traits, sans aucune intention malveillante et par cela seul que son autorisation n'aurait pas été obtenue ; — qu'à plus forte raison, sa réclamation est justifiée, quand l'artiste a manifestement cédé à une pensée de dénigrement,

9.

dans le but de porter atteinte à la considération de la personne représentée... »

A la rigueur on pourrait dire que l'image
des personnes qui, par leurs fonctions, leur
profession, ou leurs actes sont entrées dans le
domaine de la publicité, appartient à l'art.

On ne contesterait pas leur exposition sur
la voie publique, mais ce ne serait là qu'une
simple tolérance ; et le jour où le photographe
en abuserait, cette tolérance pourrait lui
être retirée.

Quant à ceux qui prétendent qu'il ne suffit
pas d'une permission temporaire, qu'il faut la
preuve manifeste de l'acquisition régulière de
la propriété avec tous les droits qui en déri-
vent, il faut répondre qu'en effet le principe
est toujours celui-ci : Chacun est maitre de sa
figure et de sa personne (1).

**

Un arrêt précédemment cité de la cour

(1) Voir sur cette matière du consentement pour la
reproduction et la vente du portrait photographique :
Cass., 28 nov. 1862 (S. 63. 1. 41-P. 1863, 482) ; Paris,
25 mai 1867 (S. 68. 2. 41, — P. 1868, 210)
Cpr. FLINIAUX, *Législation et Jurispr. concernant la
propriété littéraire et artistique*, p. 50.—DELALANDE *Et.
sur la propriété littér. et artist.*, p. 103. — RUBEN DE
COUDER, *Dict. de droit commer. indust.*, tome V, n° 235-
236.

d'appel de Paris (8 juillet 1887, DP. 88. 2. 180), nous a montré que « ni le photographe, ni les tiers n'avaient le droit d'exposer ou de vendre publiquement les traits d'une personne, à moins de posséder son autorisation ». Toute infraction à cette règle est passible d'actions en dommages et intérêts.

L'espèce assez originale était la suivante :

Un photographe avait exposé dans ses vitrines à divers endroits de Paris, notamment sous le péristyle du Gymnase, dans la salle des dépêches du *Figaro*, à l'angle du boulevard des Capucines et de la place de l'Opéra, des photographies représentant un célèbre acteur du Gymnase, soit seul, soit dans des vues d'ensemble des diverses scènes de la *Comtessse Sarah*, où il jouait le rôle de Pierre Séverac. L'acteur se basant sur ce que ces photocopies étaient mauvaises et ne lui avaient point été communiquées, demanda par voie de référé la suppression de cette exposition.

A la date du 15 mars 1887, le président du tribunal civil refusa de rendre un référé par une ordonnance qu'infirma, dans son arrêt du 8 juillet 1887, la cour d'appel de Paris (1ʳᵉ chambre).

De cet arrêt important découlent les principes suivants :

1° Le juge des référés est compétent pour ordonner dans les termes de l'art. 806 du Code de procédure civile que la photographie d'un particulier isolé ou en groupe ne soit pas exposée publiquement.

2° Tout particulier a le droit d'interdire l'exhibition publique de son portrait sous une forme quelconque; et le consentement donné à une exhibition de cette nature peut être retiré à toute époque à charge de dommages-intérêts s'il y a lieu.

3° Aucune exception à cette règle ne saurait être tirée de cette circonstance que la personne représentée est un artiste exhibé dans un rôle joué publiquement au théâtre.

4° Mais si l'acteur est fondé à demander en référé la suppression à titre provisoire des photographies qui le représentent isolément, il n'en est pas de même de celles qui le représentent en groupe avec un ou plusieurs des artistes de la pièce, parce qu'elles n'ont pas, en ce qui les concerne, le caractère personnel suffisant.

La cour d'appel de Paris faisait valoir des motifs assez logiques.

«Considérant au fond, — disait-elle, — que le droit pour tout particulier d'interdire l'exhibition de son portrait sous une forme quelconque n'est point contesté ; — que le consentement donné à une exhibition de cette nature peut même être retiré à toute époque, à charge de dommages-intérêts, s'il y a lieu ; — qu'aucune exception à cette règle ne saurait résulter de cette circonstance que le demandeur est un artiste représenté dans un rôle joué publiquement ; — que l'intérêt professionnel se trouve au contraire, dans ce cas, engagé en même temps que l'intérêt privé ; — que des faits exposés à la Cour, il résulte que les photographies de R... (c'est le nom de l'acteur), soit isolé, soit en groupe, ont été commandées directement par la directeur du théâtre dans un but de publicité, dans l'intérêt de la pièce et d'accord avec les interprètes ; — que si R... peut être fondé à demander en référé la suppression à titre provisoire des photographies qui le représentent isolément, et qu'il considère comme lui faisant grief, il ne saurait en être de même de celles qui la représentent dans un groupe et avec un ou plusieurs des artistes de la pièce, et n'ont point par suite, en ce qui le concerne, de caractère personnel suffisamment précisé, etc...»

Ainsi donc, rien de plus simple en principe : La personne représentée *peut, en vertu d'un droit naturel, empêcher* le photographe d'exposer et de mettre en vente son propre portrait.

Si elle ne s'est pas opposée formellement et d'une façon expresse à cette exposition ou à cette en vente, elle est présumée avoir donné au photographe son autorisation *tacitement*.

Cette autorisation tacite ne constitue qu'une tolérance pouvant être retirée juridiquement, à la charge d'indemniser le photographe.

La jurisprudence a reconnu, en principe, que le droit de l'artiste, quand il s'agit de portraits, fléchit devant celui des personnes dont il a reproduit l'image (Cass. 16 Janvier 1864. Sirey 64. 1. 303) ; d'où il suit que sans l'autorisation du modèle, l'auteur ne doit ni les livrer aux regards du public, ni les mettre en vente. Si la personne dont le portrait a été exécuté a consenti expressément ou tacitement la jurisprudence paraît admettre, à tort, qu'il peut y avoir, suivant les circonstances, une concession perpétuelle du droit de publication, établie par une convention formelle ou une simple tolérance. Dans le premier cas l'individu ainsi engagé ne pourrait retirer même, à prix d'argent et en indemnisant l'artiste l'autorisation qu il aurait donnée, ou l'aliénation qu'il aurait consentie.

Doctrine inadmissible, à la vérité. Le droit sacré et inaliénable que nous avons sur nous-mêmes fait de toute aliénation temporaire ou perpétuelle de notre personne, une simple tolérance absolument révocable, sauf indemnité. Une prostituée connue par les scandales de son existence passerait-elle une convention formelle de ce genre avec un photographe, qu'il lui serait toujours loisible, si plus tard elle rompait avec son passé, d'arrêter la publicité que dans un accès d'oubli ou d'ivresse morale, elle-même aurait encouragée.

Ainsi les considérants d'un arrêt de la cour d'appel de Paris (25 mai 1867 ; Sirey, 68. 2. 41) visant l'aventure d'Alexandre Dumas père, doivent-ils être considérés comme applicables non seulement au consentement tacite, mais encore à l'autorisation expresse.

L'auteur des *Trois Mousqu laires*, dans l'espèce, avait posé avec une demoiselle galante Adah Menken, dans diverses attitudes ; le photographe leur envoya *gratuitement* un certain nombre de photocopies, puis en fit exposer d'autres aux vitrines des marchands d'estampes. A. Dumas s'émut, à juste titre, de cette publication ; il introduisit contre le photographe une demande tendant à défendre l'exposition et la vente de photocopies qui n'étaient point destinées à la publicité. Infirmant le jugement du tribunal de la Seine du 31 mai 1867, la cour de Paris déclare que si, par suite du consentement tacite de la personne, le photographe se croit autorisé à reproduire une photographie dont il n'avait nullement réclamé le paiement, cette publication doit cesser du moment que cette autorisation est retirée et que la personne photographiée paie son travail à l'artiste, car un consentement tacite n'est jamais une concession définitive et perpétuelle du droit de publier des portraits, mais seulement une tolérance, révocable moyennant indemnité au photographe.

***

Ajoutons aussi, comme dernière considération, que le principe de l'article 3 du décret de 1793, n'est pas applicable puisque la propriété de l'art et le droit exclusif de reproduction n'appartiennent pas à l'auteur et que son droit fléchit devant celui des personnes dont l'artiste a reproduit les traits.

Lorsqu'une photographie contient des por-

traits, la personne photographiée seule peut
en autoriser la reproduction, et si elle a concédé au photographe la faculté de vendre
des exemplaires à son profit, il ne s'en suit
pas qu'elle ait abdiqué en sa faveur un droit
qui, par lui-même, est essentiellement personnel.

Le tribunal civil de la Seine, statuant dans
ce sens, le 4 avril 1884 (*Gaz. du Palais*, 81. 1.
suppl. 74), posait les considérants suivants :

« Attendu qu'il résulte des documents du procès que Delton, quand il a exécuté la photographie représentant Ferdinand de Lesseps
et ses enfants, a opéré en vue d'une reproduction qui devait avoir lieu dans le *Monde illustré*;

« Que cette destination spéciale de son travail lui a été indiquée, dès l'origine, par la
personne qui est venue le trouver, c'est-à-
dire F. de Lesseps;

« Qu'au début, comme ultérieurement, il a
fait une seule réserve de ses engagements
avec le journal *l'Illustration*, et s'est borné
à demander qu'avant toute reproduction une
entente intervînt entre les deux journaux, ce
qui effectivement a eu lieu;

« Attendu que, dans ces circonstances, Delton
n'a acquis ou retenu dans la photographie dont

il s'agit au procès, aucun droit qui lui permit d'en interdire la publication, soit par le *Monde illustré*, soit par un autre journal, qui l'aurait empruntée à celui-ci ;

Qu'en tout cas, cette photographie contenant des portraits, F. de Lesseps seul pouvait en autoriser la reproduction dans telles conditions qu'il aviserait, — et que, s'il a concédé à Delton la faculté d'en vendre des exemplaires à son profit, rien n'établit qu'il ait abdiqué en sa faveur un droit qui, par lui-même, est essentiellement personnel ;

« Par ces motifs, déclare Delton mal fondé dans sa demande, etc... »

Ainsi donc, l'auteur d'un portrait obtenu par la photographie a le droit de le reproduire, à moins que la personne dont l'image fait l'objet du portrait en ait interdit l'exploitation ; et ce droit, il l'exerce à l'exclusion de tout autre (Ch. cr. 15 janvier 1864, DP, 65.1.318).

Mais, une fois fait et mis en vente sans opposition de l'intéressé, ledit portrait peut être reproduit par le premier venu sans voler le droit d'auteur du premier photographe.

Toutefois, nul ne peut, sans le consentement formel de la famille, reproduire et livrer à la publicité les traits d'une personne sur son lit de mort, quels qu'aient été la célébrité de cette personne et le plus ou moins de publicité qui se soit attachée aux actes de sa vie (trib. de la Seine, 16 juin 1858 ; DP. 58.3.62).

Bien plus, la famille d'une personne morte peut s'opposer à ce qu'un photographe expose, dans le tableau-enseigne de son établissement, le portrait photographique de celle-ci, alors même que l'artiste allèguerait que cette personne a posé par complaisance et non pour un portrait dont elle aurait fait faire les frais (Ord. du pr. du Trib. de la Seine, 13 mai 1850 ; DP. 66.3.386).

Cela s'explique aisément, vu qu'un portrait photographique constitue une propriété de famille dont le commerce ne peut s'emparer (trib. civil de la Seine, 16 juin 1858 ; DP, 58.3.62).

Par suite, la famille d'un individu décédé est fondée à faire procéder à la saisie et à demander la destruction des clichés d'un dessin destiné à la publicité représentant cette personne sur son lit de mort, lorsque, loin d'être une œuvre originale, il n'est que la reproduction, au moins dans les parties essentielles, d'une photographie qu'un membre de la famille a fait faire, en s'en réservant la

propriété (trib. de la Seine, 16 juin 1850; DP,
58.3.62).

Toutes ces décisions sont conformes à la
morale et au droit. Elles s'accordent sur ce
point, que le photographe qui a fait la photographie d'une personne avec son consentement n'a pas le droit, sans l'autorisation de la
personne ou de sa famille, de mettre en vente
cette photographie, ni même de l'exposer
publiquement. ,

Et ceci est facile à expliquer en droit : l'auteur de *portraits photographiques* n'en est
pas propriétaire (1); car il ne s'agit plus ici
de la propriété matérielle, mais bien de la
propriété immatérielle du phototype négatif.
On peut être l'auteur d'un produit sans en
être le propriétaire, par exemple le joaillier
à qui je remets un lingot d'or et qui, sur mes
indications, fait une chaîne de montre et des
bagues, est seulement l'auteur de ces chaînes

(1) D'après la jurisprudence, l'exploitation des produits
que donne la photographie est considérée comme une
entreprise industrielle (Paris, 20 fév. 1857 ; DP, 58 5.81).
Ces produits eux-mêmes sont, comme les produits artistiques de fabrique, susceptibles de constituer une
propriété artistique (trib. civil de la Seine, 16 juin 1858, DP,
58-3-62), ce qui prouve qu'il n'y a aucune contradiction
entre l'assertion actuelle et ce que nous avons déclaré
plus haut.

ou de ces bagues. — De même le peintre et le sculpteur n'ont pas le droit, sans mon ordre, de reproduire mon portrait ou mon buste, de les exposer et de les vendre, — sauf faute de paiement de ma part.

Les résolutions du Congrès de Bruxelles de 1889, résument d'ailleurs cette jurisprudence dans deux articles :

3º En matière de portraits, le photographe ne pourra tirer aucune épreuve des photo-types négatifs (ou cliché) sans le consentement du modèle ou de ses ayants droit ;

4º Ceux-ci ne pourront contraindre, quelque prix qu'ils en offrent, le photographe à leur livrer le phototype négatif ; *mais ils pourront en exiger la destruction moyennant indemnité.*

CHAPITRE X

JUSQU'OU VA LE DROIT D'INSTANTANISER ?

1. Les détective-men ; aventures d'instantanisateurs. — 2. Les convenances et le droit. — 3. L'abri des instantanées et le remède juridique.

C'est dimanche ; le ciel est bleu, tout ensoleillé. Sous ma fenêtre où je rêve, les passants vont et viennent, cherchant leurs plaisirs.

Ils semblent pour la plupart se diviser en deux catégories ; — d'un côté les veloce-men ; laissons-les s'éloigner rapidement ; — de l'autre les détective-men ; sur ceux-ci, par exemple, fixons notre attention.

Ils défilent, passionnés, munis de leur appareil qui ne les quitte jamais. Il est à eux ce que le collier est au chien, la canne au paralytique, le sac au soldat ; c'est leur *vade-mecum*.

Le pêcheur matinal n'a pas plus d'espérance,
le chasseur au départ n'a pas plus de gaieté;
sourire aux lèvres, l'amateur photographe part,
explorant tout de son regard...

Soyez sûr qu'il ne reviendra pas la gibecière
vide : paysages, monuments, portraits, groupes,
il les voit, les braque, les instantanise...

Les passants inoffensifs paraissent surtout
l'intéresser. Toujours avide de sensations nouvelles, il ne laisse échapper aucun de leurs
gestes, aucun de leurs signes. Saisir par simple
flexion de la main et d'une façon intempes-
tive, quelque attitude curieuse, bizarre ou
grotesque, la fixer prestement sur le gela-
tino-bromure ; en un mot, faire une photographie instantanée, voilà son but... N'est-ce
pas un fléau dont il faille se méfier ? un fléau
pire que la peste ?...

J'entends ! Les docteurs de la science vont
faire valoir les résultats matériels, évidents, de
cette récente découverte ; ses applications
multiples ; ses influences diverses sur tous les
groupes de sciences d'observation et d'expéri-
mentation ; la marche ascendante de la photographie, gravissant avec rapidité les nombreux
échelons des connaissances humaines pour
conquérir une place respectable ; et mille
autre arguments tout aussi décisifs. — Les

photographes vont énumérer d'innombrables avantages : un sport charmant, artistique, égayant leurs loisirs d'amateurs, et fixant sur leur plaque comme sur l'album d'un dessinateur, leurs impressions d'un moment, leurs souvenirs de touristes. Et avec ironie, ils ajoutent: qu'à l'instantanée, pourront avoir recours bien souvent le mari jaloux, l'amant trompé, la police secrète, ces mille agences spéculant sur la bonne foi publique, j'allais dire sur la bêtise humaine, que sais-je encore... Leur imagination abonde en récits plus curieux, plus risibles les uns que les autres.

Tantôt c'est l'histoire de ce bon monsieur F. Sarcey, à Royan, sortant du bain (1) : sa légitime colère voyant circuler çà et là, par toutes les mains, au casino, sur la grève, dans les endroits publics, l'image de son corps serré, étriqué dans un superbe maillot aux énormes raies rouges qui dessinait à merveille toute la perfection des formes gracieuses et opulentes du célèbre critique. La vengeance fut l'apparition spontanée, dans un journal connu, d'une diatribe fulminante contre les

(1) Voir sur cette aventure la conférence *Bains de mer et Instantanées* faite à la Société des Amateurs-photographes et reproduite dans la revue *la Photographie* du mois de décembre 1892, n° 10.

amateurs·photographes, la photographie en général et les instantanées en particulier; la victime réclamait à cor et à cri une disposition pénale capable de faire expier un crime aussi odieux.

Tantôt c'est l'aventure d'un photomane enragé prenant à l'improviste une honorable dame dans une situation équivoque, sur une plage fréquentée ; — hypothèse la plus classique. Quelle humiliation plus vexante pour la femme qui veut plaire ou séduire que de se sentir prise dans un costume aussi... primitif ! Le maillot dégouttant collé à l'épiderme, comme une carapace lourde, laisse apparaître dans sa fraîcheur glaciale non seulement toutes les imperfections de la nature mais encore l'être sous un aspect qui, par lui-même, n'a rien d'enchanteur. Et crac !... par suite d'un simple mouvement, traits, aspect matériel ou gestes ne sont perdus ni pour le temps, ni pour l'espace...

Cette chasse au cliché est devenu un véritable sport. Récemment durant un souper donné par un club d'amateurs, on se passait de main en main divers clichés qu'un membre de ce club avait pris à travers la rue, c'est-à-dire de sa chambre, et qui représentaient

une dame voisine, fort innocemment occupée
des soins de sa toilette. Personne ne trouva
à redire. (1)

Voilà ce que pourront objecter les savants
et raconter les amateurs. Finalement chacun
s'égaie, sans même se demander si, — à côté
de la partie scientifique, artistique et même
plaisante du sujet, — une question de droit

(1) Les aventures ne tarissent pas sur ce sujet. En voici
une dernière, assez curieuse, assez pittoresque, qui mérite d'être racontée :

La scène se passe dans une de ces provinces du Nord
de l'Allemagne où les grands ports de mer abritent
de nombreux restaurants, fréquentés des matelots, d'une
vertu plus que douteuse, et visités souvent par des
agents de sûreté pleins de zèle, qui prennent leur mission au sérieux et qui, au besoin, se montrent très em-
pressés auprès des servantes, afin de les amener à violer
le règlement.

Afin de reconnaître ces agents et d'éviter les procès-
verbaux, certains propriétaires de brasseries ont ima-
giné une méthode secrète et fort ingénieuse : sur le
comptoir est dissimulé dans le ventre d'une potiche ou
d'un vase, un appareil 13 × 18.

Dès qu'apparaît l'agent dont le signalement a déjà été
fourni par les confrères du cabaretier, la dame du comptoir manœuvre adroitement les bocaux de manière à
mettre l'objectif voilé sur le policeman qui ne se doute
de rien. L'appareil révélateur fait son travail. Quelques
jours après, le portrait du don Juan est tiré à un certain nombre d'exemplaires qui circulent discrètement
dans la corporation des cabaretiers, et lorsque l'agent
paraît, il a beau déployer toutes les ruses du métier,
il ne rencontre que d'incorruptibles vestales. — (Cet
exemple est extrait du *Paris-Photographe* (30 octobre
1893, n° 10).

n'apparaît pas ici avec ses hypothèses multiples, ses conséquences variées et fâcheuses, ses sources de contestations, ses préliminaires de procès. C'est là le point sérieux de cette peu sérieuse matière.

Censeurs juristes, il importe donc de se demander si l'amateur qui saisit toutes les occasions d'utiliser l'appareil indiscret dont il dispose, peut impunément braquer son appareil sur tout ce qu'il lui plaît.

*
* *

Le docteur Miethe, de Berlin, une autorité en la matière, caractérisant en termes vigoureux les agissements de certains amateurs qui fréquentent les plages pour surprendre les charmes ou les imperfections plastiques des baigneurs, dit que si l'on imprimait une nouvelle édition du *Manuel de la civilité puérile et honnête*, il faudrait y insérer un chapitre spécial qui commencerait ainsi :

« Quiconque moleste ou offense ses concitoyens au moyen du noble art de la photographie, ou quiconque met à profit l'embarras de sa victime pour la « poutraicturer » frauduleusement sera qualifié d'*être répugnant de première classe* (*gesellschaftliches Ekel ersten Ranges*). — Quiconque commet ce délit de

manière que sa victime, ayant connaissance
du fait, en soit effrayée, cesse d'être un
homme du monde. — Quiconque, enfin, pour
un cliché représentant une personne dans
une posture blessante pour la vue, montre ou
vend l'épreuve ainsi obtenue, sera qualifié
d'être abominable, etc... (1) »

Sans vouloir donner une leçon de savoir-
vivre, il faut avouer d'abord que, dans les
hypothèses les plus fréquentes qui se présentent en matière de portrait ou d'instantanées,
avant le droit strict, se place toujours une
question de politesse élémentaire. Vu les
moyens perfides de la photographie, les convenances, qu'il est toujours bon de respecter
dans toute société civilisée, exigent, pour
enregistrer les traits d'une personne sur le
phototype négatif, l'autorisation expresse ou
tacite de cette personne, surtout si l'on désire
utiliser le cliché.

Il arrive, en effet, que de graves difficultés
surviennent entre l'amateur qui vient de
diriger son objectif sur un passant et ce modèle malgré lui, qui, — soit à cause de son caractère, soit pour des motifs personnels, — tient

(1) Extrait d'un article fulminant du Dr Miethe dans
la *Revue Viennoise* de septembre 1893 et rapporté par
le *Paris-Photographe*, 30 octobre 1893, no 10.

à ne pas laisser à la postérité son image prise dans certaines circonstances. C'est alors qu'intervient la contestation juridique, parfois même le procès.

En droit, peut-on prendre un individu sans son consentement? En un mot, l'amateur peut-il saisir au vol, instantaniser à son insu une personne dans la rue, sur une plage fréquentée, dans un lieu public? et ce fait accompli peut-il être l'objet d'une action en justice?

Dans la vertueuse Germanie, le docteur Miethe propose de faire défendre, par les autorités, toute opération photographique en public, tout au moins là où il y aurait indiscrétion à prendre des phototypes négatifs. Il demande aussi qu'il soit défendu de photographier des dames souffrant du mal de mer, — il paraît que ce genre de sport commence à se répandre, — et il réclame l'intervention de la police dans tous les cas où il y a présomption que le cliché a été pris à l'insu ou contre la volonté du modèle.

La loi allemande n'autorise point les photographes à exposer ou à vendre les portraits d'une personne, à moins que cette personne

10.

n'ait permis la reproduction (1). Le photographe n'a même pas le droit de laisser traîner l'épreuve dans son salon et il transgresse la loi par le seul fait de garder pour son usage particulier une épreuve de cette personne.

Mais en France, existe-t-il une législation aussi draconienne, donnant au modèle une action en justice ?

A proprement parler, cette action n'aurait aucun fondement légal. La plage, les rues, les squares et jardins, comme les monuments et les rivages de la mer, font partie du domaine public ; tout le monde a le droit d'y accéder librement et d'y exercer les usages divers que ces lieux comportent. La jurisprudence est constante sur ce point (2).

*
* *

Mais, dira-t-on, par ce fait qu'une personne se trouve dans un endroit fréquenté, elle ne devient pas dépendance du domaine public les conséquences seraient trop graves.

(1) Voir à l'Appendice au mot *Allemagne* ladite loi, qui est du 10 février 1876.

(2) Caen, 21 août 1866 ; (D.P., 67 22.20). — Conseil d'État, 30 avril 1863 ; (D.P., 63.3.64). — Cass. 7 juillet. 1866 (D.P. 70.1.9). Voir à ce sujet les articles que nous avons publiés dans diverses revues, notamment dans la *Photographie*, le *Photo-courrier*, le *Photographe*, etc.

A cette objection, il faut répondre par un dilemme. — Ou le photographe s'est proposé de photographier le lieu public, abstraction faite des personnes qui s'y trouvent, et cela a lieu chaque jour pour la mise en vente de paysages, sites, places, boulevards ou autres vues de villes; — ou, au contraire, ce que le photographe a surtout recherché, c'est de fixer une individualité sur sa plaque sensible.

Dans ce dernier cas, il y a abus, parfois même offense ou inconvenance grave. La personne lésée peut alors faire appel à la vindicte des lois.

Un texte déjà ancien, la loi des 17-24 août 1790 (titre XI, art. 3), donne le pouvoir à l'autorité municipale, en vertu de la mission qui lui appartient de veiller au maintien de l'ordre dans les lieux publics, d'intervenir toutes les fois que quelqu'un use de son droit de manière à gêner celui des autres (1).

Si l'abus était vraiment sérieux, s'il renfermait un outrage ou une injure criante, il suffirait de se reporter aux dispositions de loi relatives à cette matière : — c'est-à-dire aux articles 375 et 376 du Code pénal abrogés

(1) C'est d'ailleurs en ce sens que statue un arrêt de la cour de Cassation du 2 décembre 1864 (D. P, 65. 1. 400).

par la loi du 17 mai 1819 (art. 20), modifiée ensuite par la loi du 25 mars 1822 ; — et, à la loi du 29 juillet 1881, sur la liberté de la presse, visant dans ses dispositions (art. 20 et suivants) le délit d'outrage ou d'injure par voie de publicité.

Si l'individu qui désire échapper aux indiscrétions de l'instantanée répugne à ces violents moyens, une autre garantie se présente à lui, beaucoup plus simple : il n'aura qu'à s'adresser au représentant de l'autorité municipale, le commissaire de police, par exemple, pour faire éloigner, s'il y a lieu, les préparatifs qui ont été jugés vexatoires ou gênants.

Abstraction faite de l'abus, il est permis de représenter, à l'aide des moyens que le soleil met à la disposition de tous, l'image d'un inconnu ; et ceci, eu égard à cette vérité axiomatique : chacun est maître de sa personne, et non de son ombre qui est un phénomène naturel, physique. On a le droit de me photographier, comme on a le droit de photographier ma maison, toujours sous cette réserve qu'il ne soit fait de mon portrait aucun usage malséant ou que je puisse juger tel.

Vouloir l'empêcher, ce serait vouloir empêcher de prendre rues, boulevards, prome-

nades, plages, routes et autres choses appar :
tenant au domaine public, sous prétexte qu'à
chaque instant de la journée des passants y
circulent et que, quelques-uns se jugeant
formalisés de s'être trouvés à ce moment dans
le champ de mon objectif, pourraient me traduire devant les tribunaux ! Ce serait vouloir
empêcher de prendre les bergers dans les
champs, les ouvriers à leur travail, les types
originaux et curieux dans leur originalité
particulière. Comment expliquerait-on alors
la permission, récente, il est vrai, de photographier librement dans les rues, et l'autorisation
dela préfecture pour les squares et les jardins?

Il n'y a et il ne peut donc y avoir de fondement légal pour intenter une action sur un
fait de ce genre, quelque désagrément qu'il y
ait à se savoir photographié. Il est impossible
qu'il y ait action là où on ignore s'il y aura
abus. Pour être recevable à alléguer un dommage possible, il faut avoir, non seulement un
intérêt direct, mais encore un droit formé, un
droit actuel à la réparation du délit. On ne
saurait évidemment déclarer admissible une
action civile qui n'aurait pour cause qu'un
simple préjudice éventuel, un dommage à venir, prévu avec plus ou moins de probabilité,
par conséquent non appréciable.

Et d'ailleurs, nous ne faisons ici que reproduire une règle très bien établie par le célèbre jurisconsulte Merlin :

« Il ne suffit pas, — dit-il, — que le délit puisse un jour vous préjudicier pour que la justice reçoive votre plainte ; il faut qu'il vous porte dès ce moment même un préjudice réel ; il faut que dès aujourd'hui vous en ressentiez les funestes effets ; il faut, qu'à l'instant précis où vous en parlez, votre fortune, votre honneur, votre vie en aient éprouvé les atteintes ; sans cela de quoi vous plaindriez-vous, si ce n'est d'une vaine terreur? Mais la justice n'est point faite pour s'occuper de vos craintes peut-être puériles, ni poursuivre l'impulsion de votre inquiète prévoyance ; en un mot, ce ne sont pas des visions, ce sont des choses qu'il lui faut... »

Ainsi, en résumé, pas de texte pour défendre de faire la photographie instantanée d'une personne, et par conséquent pas d'action contre l'auteur de cette photocopie. — Il faudra donc, en cas d'abus, d'offense ou injure grave, se reporter aux dispositions de lois concernant ces délits. Ceux qui ne voudront pas tolérer les amusements de ce genre pourront, grâce à elles, faire cesser un état de chose qu'ils considèrent comme préjudiciable.

Telle nous semble être la solution la plus logique, la plus rationnelle, la plus juridique et en même temps la plus honnête, pour cette question si importante, si célèbre dans les annales photographiques : la question des instantanées.

CHAPITRE XI

LA LOI SUR L'ESPIONNAGE
ET LA PHOTOGRAPHIE

Deux touristes français se trouvant à bord de l' « *Insect* » — yacht anglais qu'ils avaient loué pour faire, disaient-ils, un voyage de plaisance, — furent arrêtés à Kiel, port militaire de la Prusse, et conduits à Berlin, à la prison de Moabit, sous la prévention d'avoir fait des levers de divers établissements militaires.

Deux cents photographies et croquis de di-

vers points du littoral allemand et en particulier de Wilhemshaven et d'Helgoland furent
saisis. MM. Degouy et Delguey-Malavas, les
prisonniers, avec une attitude des plus dignes,
affirmèrent que ces photocopies avaient été
prises par eux dans un simple but artistique.
L'accusation prétendit, au contraire, qu'elles
avaient une grande valeur stratégique, et qu'en
les prenant, les inculpés les destinaient au gouvernement français; l'instruction allemande se
fondant sur les assertions d'un homme du métier, déclara qu'il suffisait d'agrandir les clichés pour obtenir des images parfaitement
utilisables.

Aussi les deux officiers de marine, arrêtés
comme espions, furent-ils prévenus du crime
de haute trahison prévu par les art. 91, 92 et
360 § 1 du Code pénal allemand (1), et par la

(1) Les art. 91, 92 et 360 § 1 du Code pénal allemand,
promulgué au 31 mai 1871 (*Annuaire de législation
étrangère* 187 page 106 et suivantes) sont ainsi conçus:

Art. 91. — Les étrangers (par opposition aux Allemands) coupables de
crimes et délits punis .. par l'article 90 (c'est-à-dire d'avoir communiqué à
l'ennemi des plans d'opérations de forteresses et de positions fortifiées (4°, et
d'avoir servi d'espions à l'ennemi (5°, seront traités suivant les usages de la
guerre.

Si néanmoins ils ont commis ces actes pendant qu'ils résidaient sur le territoire de la Confédération et sous la protection de l'Empire d'Allemagne ou
d'un des états confédérés les peines déterminées par les articles 87, 89 et 90
leur seront applicables. (détention, réclusion à temps ou à perpétuité)
Art. 92. — Sera puni de deux ans au moins de réclusion quiconque aura
volontairement:
1° Communiqué à un gouvernement étranger ou divulgué des secrets d'État
ou des plans de forteresses et de documents, pièces ou renseignements, as-

loi récente du 3 juillet 1893 sur l'espionnage ;
— leur procès vint devant la cour impériale
siégeant à Leipsig, et chargée de juger les
délits d'ordre politique. L'avocat des deux
officiers français soutint, avec raison, que
les accusés ne pouvaient tomber sous le coup
de la loi de 1893, sur l'espionnage, parce que
cette loi ne vise que les personnes convaincues
de s'être procuré des documents écrits par
d'autres personnes ; l'article 92 du Code pénal
seul devait leur être appliqué, attendu qu'ils
ont plutôt commis le crime de haute trahison.
Ils se trouveraient ainsi passibles de la peine
de la détention dans une forteresse ou des travaux forcés, et non de celle de la réclusion

chant que ces documents pièces ou renseignements devraient êtres tenus cachés
à ce gouvernement dans l'intérêt de l'empire d'Allemagne ou d'un des états
confédérés...

En cas de circonstances atténuantes la peine sera de six mois au moins de
détention...

Art. 360 — Seront punis d'une amende de 50 thalers au plus ou des arrêts :

1° Ceux qui, sans autorisation spéciale auront donné ou publié des plans de
forteresse ou de certains ouvrages de fortifications.

D'après le Code pénal prussien qui fut choisi pour
servir de type à la nouvelle législation fédérale « la peine était la réclusion de 5 à 10 ars ; il n'y avait pas de
circonstances atténuantes. » (art. 71)

Maintenant en cas de guerre, (art. 91) l'étranger, (par
opposition à l'Allemand) coupable d'avoir communiqué à l'ennemi des places d'opérations de forteresses
ou de positions fortifiées (art. 90 — 4°), et servi d'espion
à l'ennemi, ou recueilli ou recélé ou secouru des espions de l'ennemi (5°) serait traité suivant les usages de
la guerre.

demandée par le ministère public, dans un réquisitoire très violent. L'avocat général, M. de Tessendorf maintint ses propositions et conclut à l'absolue nécessité de faire un exemple.

La cour a rendu son arrêt le 16 décembre 1893; les deux accusés furent reconnus coupables de tentatives criminelles tombant sous le coup de la loi sur l'espionnage du 3 juillet 1893, et condamnés : M. Degouy à six ans, et M. Delguey-Malavas à quatre ans de détention dans une enceinte fortifiée.

Toute rigoureuse que soit cette peine, elle est cependant bien inférieure en gravité à la réclusion, surtout en ce qu'elle n'a, en somme aucun caractère infamant. C'est le châtiment ordinaire infligé aux officiers allemands eux-mêmes pour manquements graves à la discipline. En frappant les accusés de Leipzig, la cour les a frappés en soldats et non en criminels vulgaires ; et c'est, je crois, ce qui pouvait le plus adoucir pour eux leur infortune que personne ne se méprit sur le but et la portée de la tentative qu'ils avaient entreprise, non dans leur intérêt personnel, mais pour être utiles à leur pays (1).

(1) On parle de modération lorsqu'en Allemagne on

Ce procès d'actualité intéresserait nos compatriotes en fait plutôt qu'en droit, si des exemples analogues ne s'étaient présentés en France.

Il y a quelques années, en 1890, pareille mésaventure arriva, sur le continent, à deux touristes anglais. MM. Edward Andréac et Charles Cooper, venant de Belgique et se rendant à Lyon, s'arrêtèrent à Flavigny-sur-Moselle pour prendre une vue photographique du pont-canal.

Procès-verbal fut dressé et transmis à Toul. Le parquet de Nancy, sur avis du ministre de la guerre, lança un mandat d'amener contre

condamne à plusieurs années de détention des Français coupables d'avoir, de leur propre initiative, cherché à procurer à leur pays des renseignements utiles en cas de guerre. Soyons donc modérés aussi à la manière allemande quand nous trouverons des espions aux alentours de nos forts. Ne nous contentons pas de les renvoyer sains et saufs chez eux. Gardons-les en sûreté dans une place bien surveillée jusqu'à ce que, par suite du long temps écoulé, les renseignements qu'ils auraient recueillis soient devenus sans intérêt.

Cette affaire — dont l'opinion publique, comme bien on pense, s'est vivement préoccupée — a paru assez intéressante pour que l'auteur ait jugé utile, lors de la correction des épreuves de ce volume, de donner à cette question de l'espionnage une étendue plus grande qu'elle ne comportait dans les éditions précédentes.

Sur plusieurs points, il a pris soin, à ce sujet, de mettre en parallèle les dispositions de la loi française, avec les articles correspondants du Code allemand.

les deux amateurs photographes qui tranquil-
lement continuaient leur voyage.

Ils croyaient, comme ils l'ont déclaré, être
en dehors de la zone prohibée des travaux de
défense de Toul et ignoraient absolument
l'existence du fort de Port-Saint-Vincent.
Cette affaire fit quelque bruit.

Le tribunal correctionnel de Nancy, le
27 novembre 1890, dans un jugement que notre
honorable confrère Me V. Riston (1), a peut-
être trop sévèrement critiqué, les condamna à
1 fr. d'amende et aux frais, en leur faisant la
plus large application des circonstances atténuantes.

*
* *

Ce fait, comme le précédent, constituait, à
lui seul, un délit punissable.

Chaque photographe sait, en effet, ou
devrait savoir, qu'il est défendu de prendre
des vues photographiques sans autorisation
dans un rayon déterminé légalement, autour
d'ouvrages militaires et maritimes.

Cette prescription applicable aux Français

(1) Voir Victor Riston, avocat à la cour d'appel de
Nancy : *La Photographie et l'Espionnage devant la loi*,
article paru dans le *Photo-journal* de 1891, n° 6, page
160.

et *a fortiori* aux étrangers, résulte de la loi des 18-19 avril 1886 sur l'espionnage, dont l'art. 6 vise seul les photographes (1).

(1) — Documents officiels sur la loi du 18 avril 1886, dépôt du projet de loi par le général Boulanger sur le bureau de la Chambre le 11 mars 1886 (*Journal Officiel* du 17 mars, déb-parl. p. 635). — Exposé des motifs (*Officiel*, Chambre doc. parl. octobre 1886 p. 1235) — Rapport de M. Gadaud à la Chambre (*Officiel* du 16 mars, déb. parl. p. 796) — Présentation au Sénat le 16 avril. — Rapport de M. Arnaudeau, (*Officiel* du 18 avril 1886 — doc parl. pp. 651 et 662).

Cependant une Commission de l'armée a été chargée d'examiner tout récemment, un projet de loi concernant l'espionnage et remplaçant la loi des 18-19 avril 1886.

La loi de 1886 persistait à faire de l'acte d'espionnage un simple délit relevant des tribunaux correctionnels.

Or les deux rapports qui ont été déposés au nom de la Commission de l'armée, et lus en séance de la Chambre le 20 juin 1891, pensent que cet acte doit devenir, en certains cas, un crime passible des peines les plus sévères qui soient inscrites dans les lois.

En ce qui concerne l'espionnage par la photographie, il tomberait sous le coup des articles 2 et 4 modifiés et amendés par un rapport supplémentaire du 26 novembre 1891, tendant à élever l'échelle des peines.

Art. 2. — ... 2° Sera puni des travaux forcés à perpétuité : Quiconque dans un but d'espionnage, aura *exécuté des levers ou des opérations topographiques*, reconnu des voies de communications ou des moyens de correspondance, *et recueilli des renseignements* intéressant la défense du territoire ou la sécurité extérieure de l'État...

Art. 4. — Sera puni d'un emprisonnement de deux à cinq ans et d'une amende de 3 à 10.000 francs tout individu qui, en dehors des cas prévus par l'art. 1er de la présente loi, aura soit livré ou communiqué en tout ou en partie à une personne non qualifiée pour en prendre livraison ou connaissance soit publié ou divulgué d'une manière quelconque les *objets, plans, écrits*, documents ou renseignements dont le secret est de nature à intéresser la défense du territoire ou la sécurité extérieure de l'État...

Art. 9 — Toute tentative sera considérée comme le délit lui même...

(Voir *Journal Officiel*, Chambre, doc-parl. 1891 p. 2856).

Il est ainsi conçu :

Art. 6. — Celui qui, *sans autorisation de l'autorité militaire ou maritime*, aura exécuté des levers ou opérations de topographie dans un rayon d'un myriamètre autour d'une place forte, d'un poste ou d'un établissement militaire ou maritime, à partir des ouvrages avancés, *sera puni d'un emprisonnement d'un mois à un an, et d'une amende de cent à mille francs.*

L'espionnage — même par photographie — c'est-à-dire « le fait de recueillir des renseignements sur les forces d'un pays dans l'intérêt d'un autre pays, en employant, pour arriver à ce résultat, la dissimulation ou la fraude (1) » peut avoir un but dévoué, patriotique. Les deux officiers de marine français, arrêtés à Kiel, ont risqué leur liberté au service de leur patrie. « Il faut servir la patrie, — écrivait Machiavel, — soit avec ignominie, soit avec gloire, tous les moyens sont bons pourvu qu'elle soit défendue ».

Ainsi le verdict de la Cour de Leipsig, établissant que les accusés se sont livrés à l'espionnage et ont fait des photocopies et des copies d'une importance considérable, a pris

(1) HEFFTER. *Droit des gens Européens*, p. 480.

en considération, en ce qui concerne l'application de la peine — le fait que les accusés n'ont pas été poussés par des motifs d'intérêt personnels, mais qu'ils ont voulu servir leur patrie.

Toutefois la Cour a, d'autre part, tenu compte de la grande extension et du caractère particulièrement dangereux de l'espionnage, délit puni et réprimé par une loi spéciale en Allemagne, comme en France.

On comprend, en effet, que la nation envahie d'espions, s'attachant non pas à pénétrer le plan d'opérations d'une armée, mais à renseigner son gouvernement sur les moyens d'attaque et de défense qu'un pays étranger pourra mettre en œuvre en cas de conflit, ne les juge pas sous un tel aspect. Aussi le rapport de M. Gadaud exposait la nécessité de protéger le territoire national contre « des individus dissimulant leurs noms, qualités, profession, recueillant sans qu'on ait légalement rien à dire et (*photographiant*) les documents qui intéressent au plus haut degré la défense du territoire. » Pour atteindre ce but, le législateur a édicté les art. 6 et 7.

Au reste, dans la législation de presque tous les pays, ceux qui se livrent à l'espionnage sont frappés d'une forte peine d'emprisonnement en temps de paix et de la peine de mort en temps de guerre (1), témoignage de sévérité au moins égale à celle de la loi française, qui a été mue principalement par le désir de placer entre les mains du pouvoir judiciaire une arme d'un maniement facile ; cette arme permet d'atteindre le délinquant, malgré les masques divers dont il saura le plus souvent affubler son délit.

Notre Code pénal, dans ses articles 81 et 82, avait les mailles trop larges ; la loi postérieure, avec ses termes élastiques, permet d'atteindre une série d'actes contre lesquels le pouvoir repressif se trouvait précédemment désarmé ; bien qu'elle n'ait été destinée qu'à « produire un effet d'intimidation, avec l'aide de pénalités assez modérées pour ne pas trouver dans la conscience du juge un obstacle invincible à leur application (2) ».

Des deux exemples présentés au début résultent, pour la clarté de cette étude, deux points distincts ; tous deux, il est vrai, se trouvent

(1) Voir : Code pénal allemand art. 87 à 92. — C. pén. russe art. 253 à 256. — C. pén. néerlandais art. 98. — C. pén. belge, art. 113. — C. pén. italien livre II, titre 1 etc.

(2) Exposé des motifs, voir *Journal officiel (loc. cit.)*

régis par la loi des 18-19 avril 1886, mais chacun présente des hypothèses particulières et spéciales :

1° La tentative d'espionnage du continent par la photographie.

2° L'espionnage du littoral par le même procédé.

§ I. — *L'espionnage du continent par la photographie.*

« Celui qui.... aura exécuté des levers ou opérations de topographie *dans un rayon d'un myriamètre* autour d'une place fort, d'une poste ou d'un établissement militaire... »

Le point de départ du rayon est non au centre du fort (art. 6), mais depuis les ouvrages avancés les plus éloignés du centre dans la direction considérée, tels que travaux extérieurs, batteries, poudrières, casernes, manutentions, ateliers etc...

La portée de cet art. 6 est générale et rigoureuse, dans l'Est particulièrement, où le touriste photographe comme le promeneur heurte à chaque pas des ouvrages stratégiques.

A moins d'être grand clerc, dira-t-on, n'est-il pas permis d'ignorer cette disposition de loi enfouie dans le *Bulletin des lois* ? même n'en ignorant pas l'existence, comment se rappeler ces renseignements abstraits ; comment pouvoir déterminer la zone égale, savoir si la limite a été franchie, dépassée ?

Ensuite, même connaissant tous les détails, le prévenu ne peut-il pas avoir agi de bonne foi, et sans aucune intention coupable ?

A la première réflexion, il faut répondre qu'une ignorance alléguée et même justifiée n'est point suffisante pour que les photographes ne demeurent victimes de leur art. Le juge leur montrera du doigt cet adage, principe du droit positif : *Nemo censetur ignorare legem* ; personne n'est présumé ignorer la loi.

Quant à l'argument de bonne foi, le tribunal correctionnel de Nancy, le 27 novembre 1890, y a répondu en faisant une application rigoureuse, mais juridique, de cet art. 6, contre des étrangers qui, certes, n'avaient eu aucune intention coupable.

« Attendu, — disent les considérants du jugement, — que le fait reproché aux personnes constitue une infraction aux dispositions des articles 6 et 12 de la loi du 18 avril 1886 ;

« Attendu que, peu importe, pour l'application de ladite loi, que le prévenu l'ait ignorée ; — que, non-seulement l'article 6 précité prohibe et punit tout lever... sans autorisation, abstraction faite de l'usage que l'auteur peut avoir en vue ; — mais encore que cette nécessité d'une autorisation préalable imposée à quiconque veut se livrer à des opérations de topographie dans le rayon indiqué d'une place forte, implique manifestement l'obligation, sous la sanction de la loi, de s'assurer au préalable si le lieu où le point à relever se trouve ou non à proximité d'un ouvrage de cette nature... »

Ce délit de l'art 6, constituerait donc un véritable « délit contraventionnel » d'après le système du procureur de la République, c'est-à-dire que la loi doit s'appliquer sans même qu'une intention quelconque de commettre un acte défendu également ait existé de la part de l'auteur. Le ministère public oubliait sans doute la jurisprudence constante admise aujourd'hui ; la cour de cassation n'a-t-elle pas reconnue qu'en droit criminel, il n'existe pas plus de délits contraventionnels que de contraventions délictuelles ? Puisqu'il n'y a pas, dans l'espèce, utilité de rechercher l'intention de nuire, que le fait matériel suffit amplement pour ôter tout caractère contraventionnel à l'acte, l'action des deux touristes anglais, en droit, peut être qualifiée délit, et doit être reprimé comme tel.

D'ailleurs, si l'art 9, de la même loi, punit les complices, c'est donc bien un délit ordinaire, puisque notre droit pénal pose en principe que la complicité n'est nullement punissable en matière de contravention. Nous ne verrions même pas l'utilité de cette faculté que semble accorder M⁰ V. Riston au législateur, de déroger à cette règle par une disposition expresse ; *dura lex, sed lex*.

Certes, il peut paraître excessif à première vue, comme le fait remarquer M⁰ V. Riston, que l'on punisse comme espion un individu, un citoyen paisible et honorable, qui aura pris quelques phototypes négatifs alors que rien ne lui révélait l'existence même de la prohibition légale. Mais, à cette observation, il faut répondre que la loi de 1886 s'applique plutôt et surtout aux étrangers qu'aux amateurs français, et que, sauf de très rares exceptions, l'intention bien arrêtée d'agir dans un but criminel, — intention éveillée dans l'esprit par le mot espionnage, — se trouvera dans le fait pour des étrangers suspects d'utiliser un appareil photographique dans le voisinage d'un ouvrage militaire quelconque.

Le système adopté par le tribunal de Nancy, eu égard aux termes formels de l'art. 6, a toutes les chances de devenir une véritable jurisprudence, et de s'appliquer à toute personne civile ou militaire, sans que besoin soit d'avoir agi secrètement en employant un déguisement ou un faux nom.

Quant à cette généralité de la disposition légale tant au point de vue des personnes que de la prohibition, elle s'explique, à notre avis, par le caractère dangereux de la photographie. Nul n'ignore combien il y a facilité de retrouver, grâce à elle, toutes les données d'un plan quelconque; par ses analogies évidentes avec la topographie, le législateur a donc eu raison de se mettre en garde contre un procédé, qui n'aurait d'inoffensif que son apparence de récréation d'amateur.

§ 11. *Espionnage du littoral par la photographie*

Qu'il soit permis à l'auteur de renverser l'exemple récent des condamnés de Leipsig, et de supposer qu'au lieu de deux compatriotes arrêtés en Allemagne, ce sont deux Allemands, deux étrangers qui, embarqués sur un navire quelconque sont inculpés de photographie illicite devant la juridiction criminelle de notre pays.

On objectera, il est vrai, que les autorités françaises ne veillent pas sur les bateaux de plaisance qui visitent les parages de notre littoral avec ce soin incessant et jaloux qui caractérise les fonctionnaires allemands ; que nos guetteurs de la côte et nos pilotes n'ont pas la mission, comme chez nos voisins d'Outre-Rhin d'examiner les mouvements des navigateurs, notamment de ceux qui flânent sous voiles.

On conçoit cependant qu'une hypothèse analogue, sinon identique, puisse se présenter. Il est donc intéressant de se demander :— d'une part, si le touriste ou l'espion inculpé, prouvant qu'il s'est tenu hors de la zone légale peut être poursuivi juridiquement par les autorités du littoral que l'objectif a relevé ; — d'autre part, s'il peut y avoir délit quand le yacht ou le navire qui porte l'appareil se trouve en dehors de la zone ?

a) Les deux situations du navire en pleine mer et dans un port sont nettes.

La haute mer est *res communis*, c'est-à-dire que sa propriété n'est à personne, que son usage est commun à tous les hommes, et que sa nature même est exclusive de toute appropriation individuelle ; aucun état ne peut prétendre exercer une souveraineté spéciale en pleine mer.

Un port,—et il était inutile de poser la question, tant la réponse paraît évidente, — fait partie du territoire de l'Etat et y est soumis ; la conséquence, c'est que le port peut être fermé aux navires étrangers ou n'y être accessible que sous certaines conditions ; par exemple, en France, la soumission à la juridiction locale pour tous les navires autres que les navires de guerre, pour tous les faits qui ne gardent pas un caractère purement intérieur et qui compromettent la tranquillité du port (système français formulé dans un avis du Conseil d'Etat du 20 novembre 1806) (1). La loi du navire se trouve ainsi conciliée avec la loi du port.

b) En France la question du droit de juri-

(1) Différent du système anglais, qui trop exagéré, déclare que l'autorité locale peut connaître de tous les faits qui se passent sur le navire comme s'ils s'étaient passés sur la terre même.

diction d'un état sur la mer territoriale ne s'est pas présentée.

Les auteurs, et en particulier Faustin Hélie (1), et Ortolan (2), se bornent à assimiler la portion de la mer qui baigne les côtes ou mer littorale au territoire.

A notre avis, il serait plus équitable et plus juridique de refuser toute juridiction à l'Etat riverain quand le fait se passe à bord du navire étranger, car cela équivaut à un fait qui a lieu à quelques kilomètres de la frontière.

La nature du droit de l'État n'est pas, comme certains le pensent un droit de propriété, ni un droit *sui generis*, mais seulement un droit de souveraineté ou *imperium*.

D'aucuns estiment que le navire en deçà de la ligne de respect, doive être assimilé au navire amarré dans un de nos ports, et par suite que la souveraineté d'un État puisse s'exercer sur lui. Cette idée est juste ; cependant il ne faut pas prétendre que la souveraineté de cette nation s'exerce sur cette portion de mer comme elle s'exerce sur le territoire de ce pays. Ce serait une erreur, car l'Etat n'a pas un droit de propriété sur ces eaux; il a simplement le droit de s'en servir

(1) FAUSTIN HÉLIE, *Inst. Crim*, 2 n° 633.
(2) ORTOLAN, *Droit pénal* 1. n° 929.

pour se protéger, pour veiller à sa sécurité et, comme on l'admet généralement pour exercer la police de la navigation sur tout ce qui touche à ses intérêts.

Quant à l'étendue de cette mer territoriale elle a varié suivant les temps et les pays. Alors qu'au moyen âge, la crainte des pirates l'avait fait établir de 60 milles, on a compris aujourd'hui que la véritable formule consistait dans cet adage : *terræ potestas finitur, ubi armorum vis*, le droit territorial s'étend jusqu'à l'endroit où peut agir la force des armes,

Aussi est-on d'accord pour fixer la limite de la mer territoriale au large, au point extrême jusqu'auquel l'Etat peut du rivage, faire respecter sa souveraineté ; c'est-à-dire à la plus grande portée de canon. Cette portée varie évidemment suivant les progrès de la balistique ; on l'évalue actuellement à trois milles géographiques à partir de la basse mer (1).

Au point de vue de la police de sûreté,

(1) Le mille est une mesure itinéraire de longueur, variable suivant les pays. Le mille marin en Angleterre, en France, en Italie est de 1852 mètres ; en Russie, il est de 7523 mètres, en Autriche, de 7586 mètres etc...
Plusieurs auteurs évaluent actuellement l'étendue de la portée de canon à 8 milles nautiques, c'est-à-dire à une distance de 15 à 18 kilomètres. Dans certains traités sur la police douanière, elle est fixée à 4 ou 5

chaque pays peut donc prendre des mesures de sauvegarde contre les navires étrangers, et s'opposer à tout exercice de la souveraineté dans ses eaux territoriales et dans ses ports de la part d'une autre nation, même quand cette dernière agit dans un intérêt général; par exemple en poursuivant des pirates (1).

Or, si on s'en réfère à l'espèce jugée par la cour de Leipzig, il appert manifestement qu'en vertu des art. 3 et 4 du Code pénal allemand de 1870, (2), les deux officiers de marine français, considérés comme espions, et surpris dans la mer littorale, devaient être poursuivis et jugés par une juridiction allemande.

lieues. Mais les plus nombreux, ceux relatifs à la pêche, fixent trois milles marins.

(1) Pour plus de détails sur cette matière, cf. IMBART LA-TOUR. *La mer territoriale au point de vue théorique et pratique* (Paris 1889).

(2) Ces articles sont ainsi conçus :

Art. 2 — Les lois pénales de l'Empire d'Allemagne régissent toutes les infractions commises sur le territoire de l'Empire même par des étrangers.

Art. 4. — Peuvent néanmoins être poursuivis d'après les lois pénales de l'Empire :

1o Tout étranger qui, en pays étranger, s'est rendu coupable de haute trahison contre l'Empire d'Allemagne ou un des Etats de la confédération...

Ceci vise les art 90 et suivants, relatés *supra* Ces dispositions sont logiques, quoique rigoureuses. Aucun fait survenu au dehors ne peut empêcher la poursuite de l'Empire en fait de trahison (espionnage); L'Etat ne pourrait s'en rapporter à la patrie des espions par exemple, pour l'application de ses dispositions Les poursuites de la France n'auraient été qu'une garantie insuffisante, car elles auraient abouti à un acquittement.

* *

La loi des 18-10 avril 1886, (art. 6) a surtout été édictée contre les étrangers.

M⁰ V. Riston semble trop se préoccuper de son application, eu égard aux amateurs photographes français. Outre qu'elle n'aurait guère de raison d'être pour eux, elle apparaîtrait comme vraiment rigoureuse, surtout pour les photographes de l'Est.

En droit strict, il est assez difficile, en quelque point du territoire qu'on vienne à poser son appareil, de n'être pas en flagrant délit.

Il nous semblerait donc utile, selon une opinion émise, de publier des listes détaillées des localités où la photographie est interdite sans autorisation. Il n'y aurait là aucune indiscrétion à redouter, attendu que les renseignements topographiques de cette sorte sont non seulement marqués sur les cartes françaises, mais encore connus des militaires étrangers.

Il est vrai que l'on peut obtenir une autorisation. — Mais laquelle ? « *Celle autorisation de l'autorité* » (ainsi s'exprime le texte de l'art. 6), n'est pas spécifiée par la loi.

Cependant aucune difficulté : il suffira d'une

demande indiquant la région, accompagnée
de pièces d'identité, telles qu'une carte d'électeur, un acte de naissance, un extrait du
livret militaire, etc. ; cette demande devra
être adressée soit au commandant en chef
du corps d'armée, soit au gouvernement de
la place forte représenté ordinairement par
un officier général ayant qualité pour donner
ou refuser l'autorisation légale.

Ayant pris cette précaution, les touristes
pourront opérer dans les zones militaires et
s'éviteront ainsi une conduite au poste de
police, un interrogatoire et parfois même la
destruction des plaques contenues dans leur
bagage.

Ajoutons cependant qu'exception est faite, à
l'application de cette loi, pour Paris et ses
environs; exception facile à comprendre, si
on songe qu'il n'existe pas en cette ville d'endroit distant à plus de 10 kilomètres d'un
point fortifié. Même si besoin était d'une autorisation, eu égard aux formalités à remplir,
la photographie en plein air serait partout
impossible. Cependant tous les ouvrages
dépendant directement du ministère de la
guerre sont susceptibles d'une autorisation
demandée au chef du commandement militaire.

En résumé, la loi de 1886, utile, nécessaire, ne doit pas être rapportée.

La seule critique exprimée est suffisamment réfutée par la statistique des tribunaux correctionnels si rarement appelés à faire usage de l'arme mise entre leurs mains par un législateur plus soucieux d'intimider que de punir, et qui, loin de se montrer rigoureux, en font, selon les circonstances, une application intelligente, raisonnée et prudente. (1)

(1) Assez différentes, on l'a vu, sont les dispositions correspondantes du Code allemand et de la loi allemande de 1893 relativement douces.

Le fait de lever sans autorisation le plan d'un établissement militaire constitue pour l'amateur-photographe une simple contravention (art. 360 § 1).

L'espion tombant sous le coup du rigoureux art. 92, est passible d'une condamnation légère s'il a seulement pris le croquis ou la photographie d'un ouvrage fortifié mais si, en plus de ce fait, il a communiqué les renseignements recueillis à un gouvernement étranger, il sera frappé d'une peine criminelle plus rigoureuse que celle de la loi française (la réclusion).

CHAPITRE XII

LES PHOTOGRAPHIES OBSCÈNES

1. Avalanche de photographies obscènes. — 2. Délit d'outrage à la morale et aux bonnes mœurs. — 3. Le Code pénal et la loi de 1819. — 4. Lois du 29 juillet 1881 et des 2-4 août 1882. — 5. Vente de photographies obscènes.

Fréquentez les promenades publiques des villes ; pénétrez dans les gares ; regardez les affiches placardées sur les murailles ; entrez dans un endroit quelque peu fréquenté ; allez à la sortie des écoles, des ateliers, des usines ; parcourez la campagne, ses bourgs, ses villages ; — partout se répandent ou s'étalent à vos yeux des images, des gravures, des photographies obscènes.

Tantôt, c'est un colporteur qui présente effrontément aux passants cette production

scandaleuse; — tantôt, c'est un libertin voulant atteindre un but, une entremetteuse
cherchant à favoriser la débauche, qui en dis-
tribuent gratuitement à des femmes, à des
jeunes filles, voire à des enfants; — tantôt, c'est
un commerçant peu scrupuleux, âpre au gain,
qui se plaît à étaler à sa vitrine des estampes
propres à attirer les regards et à surexciter
les sens..... Que sais-je encore ? Les exemples
sont nombreux, multiples; ils apparaissent
chaque jour, à chaque heure, à chaque instant.

Sous quelque forme qu'il se manifeste, le
mal existe : il s'étend, comme la tache d'huile,
faisant des ravages, ulcérant la société.

L'opinion publique n'y reste pas insensible : les uns, indifférents, détournent les
yeux, laissent faire, laissent passer; les autres
crient, hurlent, fulminent, mais n'agissent
pas; d'autres enfin, révoltés, se demandent s'il
n'existe aucune répression rapide et sévère,
destinée à mettre un frein à de pareils délits.

Délit il y a; la mise en vente, la vente,
l'offre, l'exposition, l'affichage ou la distribution gratuite sur la voie publique ou dans les
lieux publics de photographies obscènes constituent autant d'outrages à la morale publique
et aux bonnes mœurs.

Or, n'est-ce pas là un délit de droit commun ?
Toutes les législations le répriment ; les plus
libérales de toutes, celles des États-Unis et de
l'Angleterre, sont également de toutes les plus
sévères.

Notre législateur, plus tolérant, ne le considère pas comme moins répréhensible en soi.

Le Code civil (art 6), en déclarant « qu'on ne
« peut déroger, par des conventions particu-
« lières, aux lois qui intéressent l'ordre pu-
« blic et les bonnes mœurs » place ainsi ces
dernières au-dessus des stipulations quelles
qu'elles soient. — Le Code pénal (art. 287) (1),
dans leur intérêt, punit les actes matériels, les
attitudes qui offensent la morale publique.
Mais devant les progrès croissants du mal ; ces
textes parurent avoir une sanction juridique
insuffisante. A leur lecture, il était aisé de voir
que les différentes formes sous lesquelles le
délit peuvent se produire ne tombaient pas
sous leur application.

Une simple addition à ces textes, établissant

(1) Cet article était ainsi conçu :

Art. 287. — Toute exposition ou distribution de chansons, pamphlets, figures ou images contraires aux bonnes
mœurs, sera punie d'une amende de 16 fr. à 500 fr.,
d'un emprisonnement d'un mois à un an, et de la confiscation des planches et des exemplaires imprimés ou
gravés de chansons, figures ou autres objets de délit.

assimilation complète entre le délit d'outrage public à la pudeur, et le délit d'outrage aux bonnes mœurs à l'aide de publications obscènes, ne lui parut pas encore sanctionner avec assez d'énergie les principes de la morale.

Une loi du 17 mai 1819, abrogeant le premier de ces articles, réprima d'abord, par des dispositions spéciales (art. 1 et 8) les délits et crimes commis par la voie de la presse ou *par tout autre moyen de publication;* la peine édictée était un emprisonnement d'un mois à un an, et d'une amende de seize francs à cinq cents francs (1).

Quant à la loi du 11 mai 1868, son art. 11 ne s'occupait que des publications relatives à un fait de la vie privée (voir question des instantanées).

(1) Ces articles étaient ainsi conçus :

ARTICLE PREMIER. — Quiconque, soit par des discours, des cris ou menaces proférées dans les lieux ou réunions publics, soit par des *écrits, des imprimés, des dessins, des gravures, des peintures ou emblèmes vendus ou distribués,* mis en vente ou exposés dans les lieux ou réunions publics, soit par des placards ou affiches exposés au regard du public, aura provoqué l'auteur ou les auteurs de toute action qualifiée crime ou délit à le commettre, sera réputé complice et puni comme tel.

. . . .

ART. 8. — Tout outrage à la morale publique et religieuse ou aux bonnes mœurs par l'un des moyens énoncés à l'article premier, sera puni d'un emprisonnement d'un mois à un an, et d'une amende de seize francs à cinq cents francs.

*
* *

Mieux vaut arriver de suite aux deux lois qui régissent actuellement la matière, c'est-à-dire : 1° la loi du 29 juillet 1881, sur la liberté de la presse ; 2° la loi des 2-4 août 1882, ayant pour objet la répression des outrages aux bonnes mœurs.

1° *Loi du 29 juillet 1881.* — Cette loi, en ce qui regarde les dispositions applicables à la matière qui nous occupe, a supprimé un certain nombre de délits prévus par les lois antérieures, parmi lesquels ceux de l'art. 8 de la loi de 1819 et de l'art. 11 de la loi de 1868 *sup. cit.*

Elle a retenu cependant parmi les crimes déjà punis, l'outrage aux bonnes mœurs, la diffamation et l'injure.

L'art. 28 de la loi de 1881 punit l'outrage aux bonnes mœurs (1) commis par tous les

(1) ART. 28 (Loi du 29 juillet 1881). — L'outrage aux bonnes mœurs commis par l'un des moyens énoncés en l'art. 23 sera puni d'un emprisonnement de un mois à deux ans et d'une amende de 16 fr. à 2000 fr.

Les mêmes peines seront applicables à la mise en vente, à la distribution ou à l'exposition de dessins, gravures, peintures, emblèmes ou images obscènes. Les exemplaires de ces dessins, gravures, peintures, emblèmes ou images obscènes exposées aux regards du public, mis en vente, colportés ou distribués, seront saisis

moyens de publications, notamment.... dessins, gravures, peintures, emblèmes ou images.
Et ce qui montre bien que le législateur a eu
dessein d'atteindre tout particulièrement ce délit, c'est que le texte primitif du projet ne con-
tenait pas ces dernières expressions qui furent
ajoutées par la commission de la Chambre.
Afin d'y arriver il a dérogé spécialement pour
lui au système d'abaissement des pénalités
anciennes qu'il a suivi partout ailleurs. Il a
élevé le maximum des peines qui lui sont
applicables à *deux ans d'emprisonnement* et
à *deux mille francs* d'amende, au lieu d'un an
et cinq cents francs.

Il a dérogé encore pour lui aux principes
établis en matière de saisie et a autorisé excep-
tionnellement dans le cas d'outrage aux bonnes mœurs par dessins ou figures, la saisie
préventive des dessins, gravures, peintures
emblèmes ou images qui ont été exposées et
mises en vente.

2° *Loi des 2-4 août 1882* (1) — Depuis la loi de

(1) Loi du 2 août 1882, ayant pour objet la répression
des outrages aux bonnes mœurs.
Art. I. — Est puni d'un emprisonnement de un mois
à deux ans et d'une amende de 16 à 3.000 fr , quiconque
aura commis le délit d'outrage aux bonnes mœurs par la
vente, l'offre, l'exposition, l'affichage ou la distribution

juillet 1881, l'outrage aux bonnes mœurs a fait l'objet d'une loi spéciale, celle des 2-4 août 1882. Les pénalités qu'exige cette loi sont, à peu de choses près celles de l'art. 28 de la loi 1881 puisque seul le maximum de l'amende est porté de 2000 à 3000 fr. Mais la présente loi fait rentrer ce délit dans la juridiction des tribunaux correctionnels en lui appliquant les règles ordinaires relative à la saisie des gravures, à l'instruction et à la complicité.

On fit à cette loi deux objections :

a) D'abord de n'être *point utile*, car la loi du 20 juillet 1881, sur la presse, suffisante, atteignait déjà, dans ses articles 23 et 28, le délit que réprimait la loi nouvelle.

Ce reproche n'est pas fondé, car en examinant avec attention les deux textes, il est

gratuite, sur la voie publique ou dans les lieux publics, d'écrits, d'imprimés autres que le livre, d'affiches, *dessins, gravures, peintures*, emblèmes ou *images obscènes*.

Art. 2. — Les complices de ces délits dans les conditions prévues et déterminées par l'art. 60 du Code pénal seront punis de la même peine, et la poursuite aura lieu devant le tribunal correctionnel, conformément au droit commun, et suivant les règles édictées par le Code d'instruction criminelle.

Art. 3. — L'art. 463 du Code pénal s'applique aux délits prévus par la présente loi.

12.

facile de se convaincre que la loi de 1881 n'assure pas la répression — du délit d'outrage aux bonnes mœurs, dans tous les cas où il se reproduit ; qu'elle est dans certains cas trop indulgente et sans force, et que, sous son application — le coupable adroit peut échapper à la repression. Tandis qu'au contraire, sous la loi de 1882, le mal peut être conjuré par des mesures préventives, et le bénéfice du délit, à quelque époque qu'arrive la réparation de l'outrage, n'est pas acquis aux spéculateurs éhontés et immoraux.

b) Ensuite d'être *dangereuse* ; mais où est le péril ? Il ne s'agit pas ici de discussion politique, religieuse ou morale ; le délit que la loi prévoit n'a rien de commun avec le délit d'outrage à la morale publique et religieuse, sanctionné encore par l'art. 8. de la loi de 1819, et que la loi de 1881, a justement fait disparaître de notre législation. Ce que le législateur a voulu flageller, c'est l'obscénité, le commerce d'écrits et de gravures obscènes, c'est-à-dire l'outrage aux bonnes mœurs dans la stricte acception du mot.

Ainsi, ce que la loi des 2-4 août 1882 (1) se propose d'atteindre et de réprimer dans son

(1) Les dispositions du Code pénal relatives à la compli-

art. 1, (et c'est en quoi elle se distingue et se sépare de la précédente), c'est la spéculation, le commerce des publications obscènes qui envahissent la voie publique, et déshonorent nos grandes villes.

Le délit qu'elle prévoit et qu'elle punit laisse donc intacte la liberté des opinions et des doctrines.

Telles sont les deux lois qui prévoient et répriment les délits et crimes commis par la vente commerciale, la distribution gratuite ou l'étalage dans la montre d'une boutique de photographies obscènes.

.·.

Quelques points subsidiaires restent à étudier :

cité et visées par cette loi de 1882 sont les suivantes :

Art. 59. — Les complices d'un crime ou d'un délit seront punis de la même peine que les auteurs mêmes de ce crime ou de ce délit, sauf les cas où la loi en aurait disposé autrement.

Art. 60. — Seront punis comme complices d'une action qualifiée crime ou délit ceux qui, par dons, promesses, menaces, abus d'autorité ou de pouvoir, machinations ou artifices coupables, auront provoqué à cette action ou donné des instructions pour la commettre ;

Ceux qui auront procuré des armes, des instruments, ou tout autre moyen qui aura servi à l'action, sachant qu'ils devaient y servir;

Ceux qui auront, avec connaissance, aidé ou assisté l'auteur ou les auteurs de l'action, dans les faits qui l'auront préparée ou facilitée, ou dans ceux qui l'auront consommée ; sous préjudice des peines qui seront spécialement portées par le présent Code contre les auteurs de complots ou de provocations attentatoires à la sûreté intérieure ou extérieure de l'État, même dans le cas où le crime qui était l'objet de conspirateurs ou des provocateurs n'aurait pas été commis.

Art. 62. — Ceux qui sciemment auront recélé en tout ou en partie des choses enlevées, détournées ou obtenues à l'aide d'un crime ou d'un délit, seront aussi punis comme complices de ce crime ou délit.

Si le commerçant s'obstinait à vendre, ou l'amateur à distribuer en assez grand nombre ses dessins impudiques, la répétition de ce fait constituerait, à notre avis, le délit d'excitation à la débauche réprimé par l'art. 334 du Code pénal (1). C'est d'ailleurs ce qu'a jugé la Cour d'Angers dans un arrêt ancien du 27 octobre 1871.

Si la coopération du prévenu à la vente et à la distribution des photographies était dûment établie, cet élément suffirait pour caractériser la complicité du délit d'outrage aux bonnes mœurs, prévue et punie par les art. 59, 60 et 62 du Code pénal.

Cependant le seul fait de la détention de clichés de photographies obscènes ne suffirait pas pour établir cette présomption de complicité. (Cass. 1er mai 1874 ; Sirey, 75. 1. 287).

Le délit existe aussi de la part du photographe qui a créé et livré au commerce les photographies obscènes, et de la part des individus qui ont concouru sciemment à la fabri-

(1) L'article 334 du Code pénal (al. 1) est ainsi conçu :

« Quiconque aura attenté aux mœurs en *excitant, favorisant* ou *facilitant* habituellement la débauche ou la corruption de la jeunesse de l'un ou de l'autre sexe au-dessous de l'âge de vingt et un ans sera puni d'un emprisonnement de six mois à deux ans et d'une amende de cinquante francs à cinq cent francs.

cation de ces photographies en posant comme
modèles. C'est ce qui est admis par jurisprudence constante du tribunal de la Seine. On
peut objecter que le photographe doit pouvoir, comme le fabricant d'estampes, reproduire des sujets nus; ou, en d'autres termes,
créer des académies pour l'utilité des artistes,
et qu'ainsi la création d'académies photographiques ne peut donner lieu à des poursuites pour outrage public aux mœurs. Le
seul moyen pour le photographe d'user régulièrement de ce droit, si tant est qu'il ne
puisse lui être contesté, c'est de soumettre
les académies, par lui créées comme objets
d'études artistiques, à l'examen de l'autorité
qui peut refuser ou accorder l'autorisation de
vendre, sous certaines restrictions, telles que
l'interdiction du colportage et de l'étalage. De
cette façon il sera tout à fait à couvert ;
cependant les magistrats peuvent, nonobstant
le permis de vendre accordé par l'administration, considérer comme délictueuse l'exposition abusive qui serait faite d'académies photographiques aux regards du public dans les
vitraux d'une boutique.

En thèse générale, la responsabilité du chef
de commerce n'exclut pas en cas de délit celle
du préposé qui lui prête son concours en con-

naissance de cause (Cass., 27 décembre 1862 ;
DP, 63-1-152).

Ainsi, non seulement le mari, mais la femme
préposée à la vente, surtout lorsqu'elle s'en
occupe plus activement que le mari, est passible du délit d'outrage à la morale publique et
aux bonnes mœurs (Nantes, 16 mars 1861, DP,
61-3-21).

Notons que la contravention résultant de la
mise en vente de gravures ou photographies
sans l'autorisation du préfet n'est passible
d'aucune aggravation de peine, lorsqu'elle se
trouve compliquée d'un délit d'outrage public
aux mœurs, à raison de ce que les sujets
représentés auraient un caractère licencieux ;
en pareil cas la peine de la contravention étant
plus forte que celle du délit est seule applicable en vertu du principe prohibitif du cumul
des peines (art. 305 du Code d'inst. crim.) (1).

Dans cette situation prévue, non seulement
la contravention est plus punie que le délit,
mais encore, suivant la jurisprudence, elle ne
comporte pas l'application de l'article 463 du
Code pénal.

Mais, lorsque la mise en vente ne doit avoir

(1) Art. 305 (al. 2). — En cas de conviction de plusieurs
crimes de délits, la peine la plus forte est seule prononcée.

lieu qu'à l'étranger, la jurisprudence a considéré le fait de revente à l'étranger comme étant inséparable du fait de l'achat fait en France (v. Cons. d'Ét., 9 mai 1855, DP. 55-3-78).

En tous cas, le commissionnaire de marchandises convaincu d'avoir acheté des marchandises en France, et expédié à l'étranger des photographies obscènes, ou dont l'émission dans le public n'a pas été autorisée, est avec raison considéré comme ayant commis, en France, un fait de mise en vente de ces photographies, passible de l'application des articles 1 et 8 de la loi du 17 mai 1819, et 22 du décret des 17-23 février 1852 (voir dans ce sens Cass., 11 août 1864: Sirey, 65-1-246). Peu importe qu'au lieu de destination il existe une maison de commerce placée sous sa direction, si les photographies ont été adressées non à cette maison, mais à des tiers qui lui sont étrangers.

Rappelons également que, d'après la jurisprudence, les objets qu'un commerçant détient dans ses magasins et qui rentrent dans la spécialité de son commerce, sont par là seuls réputés mis en vente, même quand il n'en fait pas l'étalage; et quand il s'agit de marchandises qui ne peuvent être vendues qu'en délit, la détention dans l'arrière-boutique équivaut à la détention dans la boutique où sont reçus les acheteurs (Cass., 12 septembre 1846 ; DP. 46-1-151).

CHAPITRE XIII

LE DROIT DE PHOTOGRAPHIER

1. Importance de la question. — 2. Domaine privé et domaine public. — 3. Photographe amateur. — 4. Photographe professionnel.

Le photographe ne peut impunément braquer son appareil sur tout ce qu'il voit, sur tout ce qui lui plaît. En fait et en droit, une semblable faculté serait dangereuse, nuisible. Malheureusement ici encore, comme sur tant d'autres points, la plus grande incertitude règne souvent sur la ligne de démarcation qu'il faut établir entre la permission, la tolérance et la défense.

L'absence d'un règlement spécial n'est pas sans inconvénient pour empêcher divers écarts réprimés par les tribunaux. Il est des cas où l'interprète est fort embarrassé pour

formuler une règle précise ; il en est d'autres
où l'interprétation littérale de la loi présente
de sérieuses difficultés.

Certes, il y a certaines solutions qui ne souf-
frent aucune difficulté. Si aucune loi ne les
pose, la logique, le raisonnement ou les convenances viennent combler les lacunes qui
peuvent se présenter. Mais il est des questions
assez délicates exigeant certaines conditions,
et sur lesquelles un texte formel ne serait
peut-être pas inutile.

En traitant la question des *Instantanées* (1),
nous avons pu juger des graves conséquences
que peut avoir ce genre de sport entre des
mains maladroites et audacieuses. Le silence
de la loi les protège souvent avec trop de latitude ; c'est à la politesse que nous avons fait
appel, politesse qui exige le consentement du
modèle, surtout si l'on désire utiliser le phototype négatif.

D'autre part, la permission de prendre des
vues dans les régions fortifiées, d'opérer dans
les zones militaires, près des forts, des arse-
naux, est soumise depuis la loi du 18 avril 1886
(art. 6), comme nous l'avons vu (2), à la néces-

(1) Voir chapitre X § 2, p. 174 et suiv.
(2) Voir chapitre IX, § 5, p. 200 et suiv. Nous y renvoyons pour des explications plus amples..

sité « d'avoir une autorisation de l'autorité » ; c'est-à-dire vraisemblablement du commandant en chef du corps d'armée, ou de l'officier général, ou du préfet maritime, ayant qualité pour la donner ou la refuser. Cette autorisation doit être demandée pour Paris et les environs, — quand 'l s'agit d'ouvrages dépendant directement du ministère de la guerre, — au chef du commandement militaire. Il y a, dans ces hypothèses, obligation de préciser exactement la région visée, et de fournir une pièce d'identité justificative (acte de naissance, carte d'électeur, extrait du livret militaire etc...).

Ces deux hypothèses montrent assez l'importance du sujet sans qu'il soit besoin d'y insister davantage.

Beaucoup, en effet, ne savent pas au juste s'ils doivent et peuvent opérer avec leurs appareils sur la voie publique, dans la rue, sur les boulevards, dans les squares, dans les musées, etc...

.·.

Quelles sont donc les choses que le photographe a le droit de photographier tant pour son usage personnel que pour en faire l'objet de son commerce ?

Une distinction capitale s'impose entre les objets du domaine privé et les objets du domaine public :

I. *Domaine privé.* — Le domaine privé et ses dépendances comprend le droit de propriété privée ; il est aliénable, prescriptible, saisissable. Comme tel, il appartient exclusivement à son légitime possesseur qui seul a le droit d'en jouir, d'en user et d'en disposer, c'est ce qu'on appelle, en droit, le *jus utendi, abutendi* et *fruendi.* Il n'est donc susceptible d'être photographié et l'image ne peut en être livrée à la publicité que s'il plaît à celui auquel il appartient, et seulement sous son autorisation expresse. Cette première distinction n'offre aucune difficulté dans l'application.

II. *Domaine public.* — Ce *dominium publicum*, comme son nom l'indique, est un droit de propriété modifié dans ses effets par la destination d'utilité publique de la chose sur laquelle il porte. Les choses qui sont l'objet de ce droit autrement dit, les dépendances du domaine public doivent être considérées comme mises hors du commerce, inaliénables et imprescriptibles. Il ne faut les chercher que parmi les *res* appartenant à l'État, au département, à la commune et aux colonies.

Ce domaine sur lequel ces personnes morales (état, département, commune, colonies) exercent un droit de souveraineté, embrasse lui-même deux classes distinctes de propriété:

1° Celles qui *par leur nature* elle-même ne peuvent être l'objet d'aucune appropriation et sont destinées à l'usage de tous. Tels sont les rivages de la mer, les fleuves et rivières navigables et flottables, les canaux, ports, routes et toutes les voies de communication affectées au public.

2° Les objets, meubles ou immeubles qui *par leur destination* sont spécialement consacrés au service et à l'utilité de tous, et qui en raison de leur affectation sont placés, tant qu'ils durent, hors du commerce. C'est ainsi que les manuscrits des bibliothèques publiques, les médailles, les autographes, les statues et ouvrages d'art, les tableaux des musées, les forteresses, les églises cathédrales et paroissiales sont des dépendances de ce domaine.

Ainsi donc, il faut reconnaître à ces choses le caractère essentiel de la domanialité publique, à savoir l'affectation de l'objet mobilier ou immobilier, bâti ou non bâti à l'usage de tous, quelles que puissent être d'ailleurs la forme et l'étendue de cet usage.

En droit, lorsqu'il s'agit d'une œuvre tombée dans le domaine public, la reproduction par la photographie est non seulement licite, mais n'exige de la part de l'auteur aucune autorisation spéciale ; comme il ressort d'une jurisprudence constante (1).

C'est pourquoi les paysages, les sites, les villes, les rues, les places, les monuments etc... étant objets du domaine public peuvent être sujets à photographie tant de la part d'un amateur que d'un commerçant.

En revanche, le photographe ne peut exploiter la reproduction des œuvres qui sont protégées par un droit de propriété, et s'il peut reproduire les monuments publics parce que l'architecte en livrant son œuvre pour un usage public n'a pu se réserver le droit exclusif d'en reproduire l'aspect par le dessin, il ne peut reproduire sans autorisation les ouvrages d'art qui ne sont pas dans le domaine public (2).

Cependant quelque liberté que le photo-

(1) Voir pour cette question ch. VI, p. 92 et suiv. — et chap. IX., p. 154.

(2) Voir Paris, 15 février 1854, et Paris, 5 juin 1855, DP, 57-2-28. Voir aussi la note de la p. 49 et p. 50.

graphe puisse avoir à prendre les objets du domaine public, il pourra et, dans certains cas, devra accomplir certaines formalités, qui seront pour lui autant de sûretés, de garanties.

Avant 1891, pour photographier dans les rues, il fallait être muni d'une autorisation délivrée par la préfecture de police; cette décision préfectorale avait été prise en vertu de l'article 115, de l'ordonnance du 25 juillet 1862, sur la circulation :

ART. 115. — Il est défendu de s'installer et de stationner, même momentanément sur la voie publique, pour y exposer des marchandises en vente, ou pour y exercer une industrie quelconque, sans être porteur d'une permission émanée de l'autorité compétente.

En 1891, une décision préfectorale abrogea cette disposition relativement à la photographie, et aujourd'hui il est permis de photographier librement sur la voie publique, dans Paris comme dans les autres villes, sans autorisation préalable, à la condition toutefois que la circulation ne soit entravée en aucune façon.

Dans les squares, dans les jardins et promenades de Paris, tels que les parcs Montsouris et Monceaux, les Buttes-Chaumont, les bois de Boulogne et de Vincennes, Champ de Mars, Jardin du Trocadéro, etc., en un mot dans tous les lieux appartenant à la ville ou au département, il faut une autorisation de la préfecture de la Seine. La carte est délivrée par les bureaux de la ville de Paris, quinze jours après une demande rédigée sur papier timbré de 0 fr. 60, et adressée au directeur des travaux de la ville de Paris (Hôtel de Ville), qui l'accorde sous condition de la remise de deux épreuves de chaque cliché. Cette autorisation est conditionnelle, en ce sens que l'administration réclame l'engagement de lui remettre deux épreuves au moins de chaque cliché.

Pour le Jardin des plantes l'autorisation doit être demandée au directeur du Muséum ; pour le Jardin d'Acclimatation au directeur dudit jardin.

Pour les monuments historiques qui sont la propriété de l'Etat, c'est l'administration de la rue de Valois qui délivre des autorisations spéciales concernant chaque monument désigné au préalable.

Pour les musées de l'Etat, tels que le Louvre, le Luxembourg, on devra écrire soit aux conservateurs, soit au ministre des Beaux-Arts.

Pour le Grand Trianon et le Petit Trianon, nécessité d'écrire au Conservateur du Château de Versailles.

Dans l'intérieur de certains monuments historiques appartenant à des particuliers, c'est aux propriétaires eux-mêmes qu'il faudra s'adresser ; ils refusent d'ailleurs rarement la permission.

Sur la tour Eiffel, un privilège a été accordé par une société d'exploitation ; par suite l'accès est interdit aux appareils photographiques, même les plus discrets, car la surveillance est faite soigneusement.

Telles sont les formalités que le *photographe amateur* devra accomplir.

.˙.

Quant au *photographe de profession*, non seulement il doit se conformer aux règlements et autorisations que nous avons mentionnés pour l'amateur, mais encore il devra accomplir d'autres formalités que nécessite sa profession ; elles ressortent nettement de l'ensemble des monuments de la jurisprudence relatifs à la photographie, dont nous allons donner un rapide exposé.

Tout procédé à l'aide duquel on peut, par

application d'une planche quelconque, obtenir un nombre indéfini des exemplaires d'un écrit par la photographie par exemple, est soumis en raison de sa nature et de ses résultats, et alors même qu'il s'agit d'une invention nouvelle, à la législation qui régit l'imprimerie.

Depuis le décret du 10 septembre 1870 qui rend libre la profession d'imprimeur (1), il faut dire que le tirage de photocopies au moyen de planches photographiques, ainsi que la fabrication de phototypes pour la reproduction des écrits, peuvent s'effectuer sans qu'il soit besoin au préalable pour le commerçant de s'être pourvu d'un brevet d'imprimeur, comme l'avaient décidé plusieurs arrêts antérieurs, notamment un arrêt d'Aix, du 28 janvier 1859 (DP. 60-2-19. — Sirey, 61. 2-224).

Le décret de 1870, du gouvernement de la Défense nationale, avait ainsi affranchi défini-

____

(1) Voici le texte dudit décret du 10 septembre 1870.

Art. 1. Les professions d'imprimeur et de libraire sont libres.

Art. 2. Toute personne qui voudra exercer l'une ou l'autre de ces professions sera tenue à une simple déclaration faite au ministère de l'Intérieur.

Art. 3. Tout publication portera le nom de l'imprimeur.

tivement l'imprimerie et par conséquent la photographie de la tutelle administrative qui avait jusqu'alors pesé si lourdement sur elles, et notamment, de la nécessité de l'autorisation préalable qui leur était délivrée sous la forme du brevet. Il avait seulement exigé des personnes qui voulaient exercer ces professions une déclaration au ministère de l'intérieur.

La loi du 29 juillet 1881, sur la liberté de la Presse, en maintenant les dispositions précédentes relativement à la liberté de l'imprimerie, supprime cette dernière formalité. Les articles 2 à 4 se bornent à assujettir les imprimeurs, et par suite les photographes, à l'accomplissement de deux obligations au moment de la publication de chaque imprimé: l'indication de leur nom et domicile, et le dépôt (1).

(1) Loi du 29 juillet 1881. *Chapitre I. De l'imprimerie et de la librairie.*
Art. 1. L'imprimerie et la librairie sont libres.
Art. 2. Tout imprimé rendu public..... portera l'indication du nom et du domicile de l'imprimeur, à peine, contre celui-ci d'une amende de 5 fr. à 15 fr.
La peine de l'emprisonnement pourra être prononcée si dans les douze mois précédents, l'imprimeur a été condamné pour contravention de même nature.
Art. 3. Au moment de la publication de tout imprimé il en sera fait, par l'imprimeur, sous peine d'une amende de 16 fr. à 300 fr. un dépôt de deux exemplaires aux collections nationales.....
Art. 4. Les dispositions qui précèdent sont applicables à

Tout imprimé rendu public doit porter l'indication exacte du nom et du domicile de l'imprimeur (art. 2); la fausseté de la déclaration équivaudrait à la simple omission et serait punie comme elle.

Le dépôt est fait en trois exemplaires pour les estampes, dessins, gravures, lithographies, etc... Le ministère de l'Instruction publique reçoit un exemplaire de chacun d'eux ; la Bibliothèque nationale, qui n'a qu'un exemplaire des imprimés et de la musique, en reçoit deux des estampes et autres ouvrages similaires (photographies) qui sont plus sujets à la détérioration.

Ce dépôt est fait, à Paris, au ministère de l'Intérieur; dans les départements, à la préfecture pour les chefs-lieux, à la sous-préfecture pour les chefs-lieux d'arrondissement, et dans les autres villes à la mairie.

Les dessins et autres ouvrages analogues, sont publiés, comme les imprimés, sans aucune autre formalité ; l'autorisation administrative à laquelle ils étaient restés soumis jusqu'ici,

tous les genres d'imprimés ou de reproductions destinés à être publiés.

Toutefois le dépôt prescrit par *l'article précédent sera de trois exemplaires pour les estampes* la musique et en général les reproductions autres que les imprimés.

en vertu de l'article 22 du décret du 17 février 1852 (1), disparait avec la loi du 20 juillet 1881.

La photographie est donc sur cette matière soumise au droit commun, bien qu'en pratique, chacune des dispositions précédemment examinées ne reçoivent point leur stricte application (Alger, 16 mars 1878; DP, 79-2-92 ; Nantes, 16 mars 1864; DP. 64-3-21). Le commerce des épreuves daguerriennes, photographiques et stéréoscopiques, auquel la loi sur la presse s'applique bien évidemment, doit tenir un grand compte de cette décision.

L'excuse tirée de la bonne foi n'est pas admissible en matière de contravention aux dispositions des règlements de police, et notamment des règlements relatifs à la police de la presse et au commerce des dessins et gravures.

---

(1) Art. 22. — Aucuns *dessins, gravures, lithographies,* médailles, estampes ou emblèmes de quelque nature et espèces qu'ils soient, ne pourront être publiés, exposés ou mis en vente sans l'autorisation préalable du ministre de la police (c'est-à-dire du préfet) à Paris, ou des préfets dans les départements.

En cas de contraventions, les *dessins, gravures,* lithographies, médailles, estampes ou emblèmes pourront être confisqués, et ceux qui les auront publiés seront condamnés à un emprisonnement d'un mois à un an et à une amende de cent francs à mille francs.

L'application de ce principe, qui ne fait l'objet d'aucun doute en matière de contraventions ordinaires, pouvait donner lieu ici à quelque hésitation, car la peine est généralement une peine correctionnelle. Cependant la Cour de cassation s'est prononcée, même relativement à ces contraventions, contre l'admission de l'excuse de la bonne foi.

L'exposition d'épreuves photographiques au regard du public pourrait aussi dans certains cas tomber sous l'application des règlements concernant l'affichage notamment le chapitre III de la loi du 29 juillet 1881 sur la liberté de la Presse (art. 15 et suivants), mais on ne devrait pas assimiler à une affiche le cadre mobile dans lequel un photographe aurait exposé des portraits en guise d'enseigne en y joignant l'indication de son adresse et des prix.

Les portraits ainsi faits, d'après un arrêt du 2 septembre 1852, doivent être regardés non comme des affiches soumises aux dispositions des art. 15 et suivants de la loi de 1881, mais comme de simples enseignes.

TROISIÈME PARTIE

—

LÉGISLATIONS INTERNATIONALES

CHAPITRE XIV

DE LA PROTECTION DES ŒUVRES PHOTOGRAPHIQUES DANS LES DIVERS PAYS

A proprement parler, notre étude devant la loi et la jurisprudence françaises se trouve terminée. On voit combien cette état de législation est défectueux ; il nous reste à montrer son infériorité, comparé à certaines législations étrangères.

Le Congrès international de photographie, réuni en 1889, a émis le vœu que, dans tous les pays, la propriété des œuvres photographiques fût protégée par les mêmes lois que celles qui garantissent la propriété des autres œuvres artistiques. Il peut être utile de passer en revue les législations des divers pays. C'est ce que nous allons essayer de faire.

Allemagne (1). — L'Allemagne a signé la convention de Berne.

Sa législation cependant ne comprend pas les œuvres photographiques au nombre des œuvres artistiques. Elles sont l'objet d'une loi spéciale, votée sous l'influence des considérations suivantes qui dominent chez les auteurs allemands.

1. La photographie n'est point un art, mais ses œuvres méritent protection. Leur reproduction illicite, sans consentement, peut causer un préjudice grave, et même léser un droit qui appartient au premier auteur de la photographie.

2. Si la photographie n'est pas un art, elle tend à s'en rapprocher en plus d'un point ; c'est une industrie artistique, et comme telle ne doit être régie ni par les textes concernant la propriété industrielle, ni par ceux concernant la propriété artistique. Une loi spéciale est donc nécessaire ; moins longue et moins énergique que les précédentes.

Cette loi régissant la protection accordée aux photographes contre la contrefaçon est *du*

(1) Voir *Annuaire de législation étrangère* 1876 p. 107 — et Ch. LYON, CAEN ET P. DELALAIN, *Lois françaises et étrangères sur la propriété littéraire et artistique*, 1. page 90 et suiv.

10 janvier 1876. Elle protège toute œuvre photographique qui n'est pas elle-même la reproduction d'une œuvre artistique encore protégée, comme telle, contre la contrefaçon. — La protection en soi est limitée. Le droit de reproduire en totalité ou en partie n'est prohibé que pour les moyens mécaniques; et la protection de la loi n'est acquise à l'auteur que pour un délai assez court de cinq années.

Quant aux photographies qui ne sont que la reproduction d'une œuvre artistique déjà protégée par la contrefaçon, elles sont assimilées aux gravures et comme telles, ont leurs droits sauvegardés par la loi du 9 janvier 1876 sur les œuvres des arts figuratifs.

L'art. 7, en effet, déclare que « quiconque reproduit régulièrement, mais par le moyen d'un procédé artistique différent, une œuvre des arts figuratifs dont il n'est point l'auteur, exerce les droits d'auteur de l'art. 1 sur l'œuvre qu'il a produite, quand même l'original serait déjà tombé dans le domaine public. »

Sous des apparences libérales, cette loi allemande n'accorde qu'une protection précaire et limitée. Les photographes allemands l'ont compris. Leur société s'est occupée de remédier aux exigences de la pratique, et un projet de révision en répondant aux nécessités de l'époque présente a été remis à la Diète. Les modifications qu'apportent ce projet au texte même de la loi portent sur trois points principaux.

a) Sur la durée de la protection qui serait élevée de cinq à quinze ans.

b) Sur l'art. 4, qui serait abrogé, c'est-à-dire que les industriels n'auraient plus la faculté d'utiliser une photographie au préjudice de l'auteur, comme cela se pratique journellement.

c) Sur cette latitude qu'ont les contrefacteurs de pouvoir reproduire une photographie par tous les moyens non mécaniques. Cette disposition comme la précédente serait abrogée.

Cette dernière hypothèse semble de toute justice. La pratique allemande paraît cependant ne pas l'admettre. Un procès assez récent en fait foi : il s'agissait, dans l'espèce, d'un portrait de célébrité contemporaine, édité par un sieur S..., photographe de profession. Un marchand d'objets d'art, en fit faire une copie au pastel. permettant de la vendre comme œuvre d'art originale et indépendante, s'appuyant sur l'art. 4 de la loi, et sur l'affirmation du peintre qui lui avait livré le travail commandé, il pré-

tendit devant les tribunaux que la reproduction avait été exécutée par des moyens non
mécaniques, mais purement artistiques, et
qu'il n'y avait pas là contrefaçon. Le tribunal en décida autrement, quoique le défendeur pût, en droit strict, soutenir sa thèse.

République Argentine (1). — Il n'y a
pas de législation spéciale sur la propriété artistique et littéraire.

L'article 17 de la Constitution, après avoir
dit que la propriété est inviolable, sauf en
vertu d'une sentence rendue conformément
à la loi, ajoute que tout auteur ou inventeur
est propriétaire de ses œuvres pour le temps
que la loi lui accorde. Cette loi, fixant la durée
du droit, n'existe pas.

Autriche (2). — L'Autriche n'a pas signé
la Convention de Berne.

Il n'y a point de loi spéciale concernant la
protection accordée aux photographes. La loi
applicable est la patente du 14 octobre 1846

(1) Voir LYON-CAEN et DELALAIN, *Lois françaises. et
étrangères sur la propriété littéraire et artistique* t. II,
p. 44.
(2) Voir LYON-CAEN et DELALAIN, t. I, p. 98.
Voir la *Manz'sche Taschenausgabe der österr. Gesetze*,
7e édition, t. II (Code civil et annexes) p. 434 et suivantes.

pour la protection de la propriété littéraire et artistique contre la publication, la reproduction et l'imitation illicites.

Le 1er août 1885, une Assemblée générale de libraires et artistes autrichiens, réunie à Vienne, émit un vœu de revision. « Il faut, a-t-elle dit, mettre notre législation au courant des progrès antiques accomplis depuis quarante ans, et notamment résoudre par des textes les délicates questions qui se rattachent à la photographie.

Cette impulsion a eu son influence. Le 11 juillet 1892, un projet de loi concernant le *droit d'auteur sur les œuvres de littérature ou d'art et de la photographie*, a été déposé par le gouvernement. Le droit d'auteur est reconnu, une protection de cinq ans lui est accordée; malheureusement les avantages conférés par la loi de 1846, sur les œuvres des arts figuratifs leur sont retirés.

Le docteur Adolphe Exner, désigné par la Commission juridico-politique de la Chambre des Seigneurs, peut faire un rapport sur le projet de loi relatif à cette propriété, a publié son travail le 23 octobre 1893. On constate à regret que l'inscription d'une date sur les épreuves deviendra obligatoire, mesure très difficile à réaliser dans la pratique. La seule concession que le docteur Exner ait faite aux auteurs, c'est l'extension de la durée de protection qui demeure fixée à dix années au lieu de 60 mois.

Le malencontreux § 20 du projet officiel qui stipulait que « l'auteur d'une imitation faite d'après photographie jouirait de la même protection que le créateur original » ne figure pas dans le rapport de M. Exner, mais on n'y trouve pas non plus un article stipulant le contraire.

La *correspondance photographique de Vienne*, en relatant ce fait, écrit que le rapporteur ne paraît point se douter que la photographie peut produire de véritables œuvres d'art, et elle ajoute que les membres de la Commission semblent s'être appliqués, avec les auteurs du projet de loi, à méconnaître les conditions vitales de la photographie. Désormais on pourra reproduire la plus belle héliogravure et les plagiaires qui durant ces derniers discours ont été itérativement condamnés par la cour suprême, pourront imiter, contrefaire, copier.

(N. B. pour la *Hongrie*, voir ce pays dans l'ordre alphabétique).

Belgique (1). — La Belgique a signé la Con-

(1) Voir LYON-CAEN et DELALAIN, tome I, page 170, *Journal des Tribunaux belges*, belges, 13 et 17 avril

vention de Berne. Comme sa législation ne s'y oppose pas, elle doit appliquer à la Photographie les dispositions de la loi du 22 mars 1886. Cette loi est basée sur un principe tout autre que le décret-loi des 19-24 juillet 1793 ; elle protège la conception au même titre que la réalisation de l'œuvre ; l'objet du droit d'auteur porte sur la pensée elle-même, autant que sur ses manifestations extérieures. C'est la théorie des droits intellectuels que M. Edm. Picard a mise en lumière.

L'art. 1 de la loi ne contient aucune énumération des œuvres protégées ; il se borne à viser « l'œuvre artistique ». Si l'œuvre est artistique, elle jouit de la protection ; si elle n'a pas ce caractère, elle ne fournit pas matière au droit d'auteur.

L'art. 20 décide que ni l'auteur, ni le propriétaire d'un portrait n'ont le droit de le reproduire ou de l'exposer publiquement sans l'assentiment de la personne exposée ou de celui de ses ayants-droit pendant vingt ans à partir de son décès.

Moyennant ledit assentiment, le propriétaire a le droit de reproduction, sans toute-

1890. — *Pandectes belges*, tome XXXIII, au mot *droits d'auteur*.

fois que la copie puisse porter l'indication du nom d'auteur.

L'art. 21 soumet aux dispositions concernant le droit d'auteur, les œuvres d'art reproduites par des procédés industriels ou appliquées à l'industrie.

En définitive, la situation est la même qu'en France. La loi du 22 mars 1886 laisse la photographie dans l'ombre, de crainte de soulever les objections de quelques protecteurs acharnés de la contrefaçon photographique.

La jurisprudence qui, jusqu'en 1872, semblait favorable aux œuvres photographiques, ne veut plus les comprendre parmi les arts de dessins. Le dernier jugement rendu à cet égard, en date du 11 avril 1893, décide notamment qu'en droit les œuvres photographiques doivent jouir d'une protection légale, (1), sans toutefois les reconnaître comme œuvres d'art.

(1) La thèse adoptée est précisément celle qu'avait repoussée le tribunal de Bruxelles, dans la décision rapportée par le Bulletin de l'Association dans son numéro du 15 mai 1893..

M. le juge de paix du premier canton de Bruxelles puise dans les conventions internationales qui ont précédé la loi de 1886, *sur le Droit d'auteur*, un argument qu'il considère comme rendant à lui seul tout doute impossible.

M. le juge Antheunis a d'autant plus de mérite à proclamer la volonté du législateur qu'il professe, quant à lui, en pure théorie, une opinion différente.

Le préambule du jugement dans lequel il développe son avis sur ce que nous pourrions appeler le point de vue académique peut paraître, dans une décision de justice, dont le but exclusif est de dire Droit, un hors-d'œuvre.

L'argumentation toutefois offre de l'intérêt.

Le jugement proclame encore le principe de la propriété du cliché dans le chef du photographe auteur d'un portrait. Il décide aussi que les droits de la personne représentée réduisent à cette seule propriété le droit de l'auteur, et en cela, à notre humble avis, il fait erreur. Sans doute, le photographe ne pourra user de son droit d'auteur sans l'assentiment de celui dont il a reproduit les traits, mais ce droit subsiste néanmoins.

Sur cela il faudrait admettre que tout tiers pourrait dès lors que la personne représentée ne s'y opposerait pas, reproduire impunément l'œuvre du photographe auquel la propriété de son cliché deviendrait désormais inutile.

Sur ce point nous ne pourrions admettre la décision si elle ne s'appuyait aussi sur des éléments de fait qui échappent à notre appréciation.

Le journal le *Franc-tireur* publie chaque semaine la biographie illustrée des principaux officiers de la garde civique. Il demanda à Pierre D... de lui confier son portrait. Celui-ci consentit à poser en uniforme, chez le photographe Van Gorp qui exécuta le cliché pour le *Franc-tireur* sans rémunération de la part de M. D...

Le journal le *Patriote* désirant publier à son tour le portrait de M. D..., le dessinateur Gaillard se borna à reproduire le cliché héliogravure, paru dans le *Franc-tireur*, transformant en redingote la vareuse d'officier de M. D... Dans l'espèce, le *Franc-tireur*, aurait été recevable à actionner le *Patriote*, et M. D...aurait de même pu introduire une action basée sur le droit d'autrui mais sur ce «que chacun est maître de ses traits».

Devant le juge de paix les partis ont été d'accord pour soutenir que la photographie était exacte.

La décision du 11 avril 1893 se refuse à consacrer cette thèse :

Nous, juge de paix, statuant contradictoirement en premier et dernier ressort ;

Vu l'original de l'exploit de citation.

Attendu que l'action du demandeur tend à entendre dire par le tribunal que la photographie est un art et à faire condamner le défendeur à payer au demandeur la somme de cinq francs ou toute autre à arbitrer, pour avoir reproduit par le dessin, dans un journal, le portrait-photographie de M. D..., fait par le demandeur.

EN FAIT :

Attendu qu'il est impossible de justifier l'opinion, qui fait de la photographie un art, et du photographe un artiste dans l'acception propre à ces deux mots.

Que si diverses que soient les opinions, si contraires et si intransigeants qu'apparaissent les systèmes, qui se sont établis et affirmés autour de l'art, tous s'accordent sur un point : c'est que l'art, même en copiant et imitant, interprète ; qu'il est la réalisation sensible d'une conception, idée ou sentiment, toujours idéalisés dans la beauté ou la laideur de leur objet, parce que tels l'artiste les conçoit ou les sent, tels il les réalise dans la mesure de son talent ; qu'en un mot l'art est une production libre et créatrice, et que la photographie ne pourra être et ne sera jamais ; car le photographe n'invente, ne crée, n'interprète pas. Il obtient par des procédés, connus ou non, des images inexorablement fidèles dans leur vérité, il choisit l'objet, dont il veut obtenir l'image, et le place dans les conditions de pose, d'ombre et de lumière les plus favorables au résultat, qu'il veut atteindre, mais cet élément, le seul, qui puisse donner à l'œuvre un cachet réellement artistique, peut être fourni par un tiers, qui lui-même n'entend rien à la photographie pratique et serait incapable d'opérer lui-même ; il peut perfectionner les instruments, épurer, rendre plus sensibles et plus subtiles les matières qu'il emploie, mais au fur et à mesure de ce progrès, purement scientifique ou industriel, son rôle, à lui, diminuera d'importance et le photographe finira par ne pouvoir pas ne pas obtenir une œuvre parfaite :

Que s'il retouche l'œuvre sans la modifier, cette retouche ne sera qu'un accessoire ; que s'il la modifie et
en fait une œuvre nouvelle, ce ne sera plus de la photographie, mais, un genre de peinture ou dessin d'une
nature et d'un caractère à déterminer et à classer dans
les productions de l'activité humaine, mais auquel la
photographie ne sert plus que d'appoint ; de sorte que
si l'on prétend avec raison que l'art finit où la photographie commence, on peut dire aussi que la photographie finit où l'art lui sert de collaborateur principal ;

EN DROIT :

Attendu et quoiqu'il en soit que la seule question à
résoudre au litige, la seule qui soit réellement de la
compétence du juge, n'est pas celle de savoir si la photographie est un art, mais si les œuvres photographiques jouissent de la protection légale *comme œuvres
d'art* ;

Attendu qu'aucun doute n'est possible sur ce point ; que
des traités internationaux, et notamment le traité
franco-belge du 31 octobre 1881, approuvé par la loi du
10 mai 1882 (art. 1), portent : « que les auteurs... *de
« photographie* jouiront, dans chacun des deux états,
« réciproquement, des avantages qui y sont ou *y seront*
« attribués par la loi à *la propriété des ouvrages .. d'art,*
« etc ».

Que dans le rapport fait au nom de la section centrale par M. Demeur il est dit expressément : « que la
« question controversée depuis son origine (la photo-
« graphie est-elle un art ?) se trouve tranchée en faveur
« de celle-ci, laquelle, quant au droit de reproduction,
« est mise ainsi sur la même ligne que le dessin et la
« gravure » ;

Que dès lors il n'y a plus qu'à examiner quel est, aux
termes et au sens de la loi du 22 mars 1886, le droit de
propriété de l'auteur photographe d'un portrait sur ledit portrait ;

AU FOND :

Attendu que l'article 20 de la loi citée porte :
« Que ni l'auteur ni le propriétaire d'un portrait n'a

« le droit de le reproduire ni de l'exposer publique-
« ment, sans l'assentiment de la personne représentée
« ou celui de ses ayants-droit, pendant 20 ans, à partir
« du décès de cette personne » ;

Attendu que cet article atténue dans la plus large
mesure et avec raison, quant au portrait (œuvre plas-
tique, artistique dans le vrai sens du mot), le principe
absolu de l'article 1er, principe de droit commun et qui
domine toute la matière ;

Que cette atténuation, si forte et si explicite par
elle-même, est encore accentuée par les paroles suivantes, prononcées et acceptées sans contredit au cours
de la discussion et immédiatement avant le vote de
l'article 20 : « Le portrait est cédé dès le premier coup
« de pinceau donné par l'artiste sur la toile. La simple
« ébauche d'un portrait, si informe qu'elle soit encore,
« devient immédiatement la propriété de la personne
« qui pose ; par conséquent la cession se fait dès que
« le contrat a reçu un commencement d'exécution » ;

Attendu que cet article 20 qui, dans le projet, devait
faire suite à l'article 19 et en restreindre la portée, n'a
été voté, et voté comme article spécial, que pour affirmer cette restriction si sage au droit de propriété,
quant à la reproduction et l'exposition publique des
portraits ;

Qu'il suit de là que l'auteur photographe d'un portrait, à défaut de droit banal (domaine public) ou de
convention expresse, n'a pas d'autre propriété sur ce
portrait que celle du cliché qui a servi à le faire ;

Que la propriété de ce cliché n'est pas et ne saurait
être contestée ;

Qu'elle reste acquise au photographe comme la plaque
ou la pierre au graveur ou au lithographe ;

Qu'il va sans dire que la volonté des parties peut
comprendre dans la cession du portrait celle du cliché,
mais qu'il faut dans ce cas une convention expresse ;
en d'autres termes, dans le contrat verbal qui a pour
objet le portrait-photographie, il faut considérer comme
une clause d'usage celle qui réserve et assure au photographe la propriété du cliché (art. 1160 C. civ.) ;

Mais attendu, d'autre part, que la défense de l'arti-

14.

cle 20 ne vise que l'auteur et le *tiers propriétaire* du portrait et ne tend qu'à protéger le droit de la personne représentée ;

Que la propriété du portrait est acquise dès l'abord au client, même avant paiement, la vente étant parfaite dès qu'il y a accord sur l'objet et le prix ; que quoiqu'on fasse, le portrait, qui se vend à tant l'exemplaire ou la douzaine sera toujours estimé comme simple objet de commerce, non seulement par le photographe et le client, mais par le public, c'est-à-dire par l'usage et le sens commun, il faut bien admettre que pour le client la cession du portrait, le cliché réservé, comporte le droit de propriété le plus absolu ;

Que si l'on considère ensuite que le photographe n'ignore et ne peut ignorer que le portrait est destiné souvent à aider à la confection d'un autre portrait ; qu'il ne peut reproduire, encore moins autoriser un tiers à reproduire le portrait par quelque procédé que ce soit, l'on se demande en vain quel autre droit lui reste que la propriété du cliché *comme fonds commercial*, quel autre droit peut être lésé ou méconnu en lui si d'ailleurs on n'a pas fait un usage abusif ou non autorisé du cliché lui-même ;

Attendu que dans l'espèce le demandeur a su, dès avant l'opération photographique, que le portrait qu'il a fait était destiné à être reproduit dans un journal, donc à recevoir, sous le seul assentiment exprès ou tacite du client la plus grande publicité possible ;

Qu'enfin le défendeur n'a reproduit le portrait litigieux que partiellement et en le transformant plus ou moins ; qu'il ne l'a fait qu'à titre de dessinateur attitré d'un journal ; que celui-ci, qui seul a utilisé la reproduction, n'est pas même mis en cause par le demandeur ;

Et que le journal à qui l'œuvre originale était destinée pour être reproduite par lui, que le client lui-même, les seuls intéressés, n'ont pas protesté à ce jour, soit qu'ils n'aient pas vu dans le fait du défendeur une reproduction réelle ou dommageable, soit qu'ils y aient donné leur consentement facile.....

Pour ces motifs, déclarons le demandeur non recevable et non fondé dans son action..

Bolivie (1). — Ce pays protège la propriété artistique et littéraire pendant la vie des auteurs et cinquante ans après leur mort, mais ne parle pas de la photographie (décret du 13 août 1879.

Brésil (2). — Le Brésil ne possède, pour la protection artistique et littéraire que le Code criminel du 16 décembre 1830, article 261, qui protège les auteurs brésiliens seulement pendant toute leur vie, et leurs héritiers pendant dix ans.

Chili (3). — La loi du 24 juillet 1834, concernant la propriété littéraire, protège les auteurs d'écrits, de peintures, de dessins ou de sculptures pendant toute leur vie, et leurs héritiers *ab intestat* pendant cinq ans. Si la succession est dévolue au fisc, l'œuvre tombe dans le domaine public.

Chine (4). — La Chine ne possède pas de législation spéciale sur la propriété littéraire et artistique Les différends relèvent clairement du droit commun et sont jugés par les magistrats dans les formes ordinaires.

(1) Voir LYON-CAEN et DELALAIN, tome II, page 55.
(2) Voir LYON-CAEN et DELALAIN, tome, II, page 57.
(3) Voir LYON-CAEN et DELALAIN, tome II, page 60.
(4) Voir LYON-CAEN et DELALAIN, tome, II, page 5.

Colombie (1). — Ce pays possède une loi sur la propriété artistique et littéraire en date du 26 octobre 1886, qui ne dit mot de la photographie. Elle est calquée sur la loi espagnole du 10 janvier 1879 dont elle reproduit la plupart des dispositions (voir Espagne).

L'auteur est protégé toute sa vie, et ses héritiers quatre-vingts ans après sa mort.

Costa-Rica (2). — Aucune disposition législative sur la propriété littéraire et artistique n'a encore été votée. Ce pays avait été représenté aux premières conférences de Berne, mais n'a point signé la Convention définitive.

Danemark (3). — Ce pays n'a pas pris part à la Convention de Berne. Cependant le 6 août 1892, s'est tenue une conférence pour en rendre possible l'adhésion. La loi spéciale qui régit la reproduction des photographies est du 24 mars 1865, et comprend trois longs articles.

(1) Voir Lyon-Caen et Delalain, tome II, page 65; — et Guay, *De la propriété artistique et littéraire dans les divers États de l'Amérique.*

(2) Voir Ch. Lyon-Caen et Delalain, *Lois françaises et étrangères sur la propriété littéraire et artistique,* tome I, page 197.

(3) Voir Lyon-Caen et Delalain, tome II, p. 85; — et Guay, *De la propriété littéraire et artistique dans les divers États d'Amérique.*

Aux termes de l'art 1, celui qui a exécuté pour son propre compte une photographie originale d'après nature ou une reproduction photographique d'une œuvre d'art peut, pendant cinq ans, être protégé contre la contrefaçon à condition de présenter une déclaration qu'il se réserve ce droit exclusif, et de revêtir tous les exemplaires par lui vendus de son nom et de la mention : « propriété exclusive. » Cette déclaration doit être faite au Ministère de l'Intérieur et contenir le nom complet du photographe, avec une description suffisamment exacte de la photographie. Un exemplaire de la photographie doit être joint à ladite déclaration.

Egypte (1). — Il n'y pas de législation spéciale. Plusieurs conventions ont établi les juridictions mixtes, c'est-à-dire composées à la fois d'étrangers et d'indigènes ; ces tribunaux et cette Cour d'appel mixtes connaissent seuls des contestations. En matière civile entre indigènes et étrangers, et entre étrangers, de nationalités différentes, en dehors du statut personnel, il y a un règlement d'organisation judiciaire qui, dans son article

(1) Voir Lyon-Caen et Delalain, tome II, p. 28.

34, du titre I, porte que, *dans le cas de silence d'insuffisance et d'obscurité de la loi, le juge se conformera aux principes du droit naturel et aux règles de l'équité.*

En vertu de cette disposition, les tribunaux mixtes ont rendu des décisions, en ce qui touche la propriété littéraire et artistique, et reconnu les droits des auteurs. La cour d'appel d'Alexandrie a, le 1er mars 1877, rendu un arrêt en faveur de la photographie. «... Attendu, en droit, en ce qui concerne l'appel principal, que sans s'arrêter à la double question de savoir si la photographie est une application de l'art et de la science dont les produits constituent la propriété particulière et exclusive de leur auteur, et si la simple reproduction des objets par les procédés photographiques doit être renseignée sur ce point de vue, il s'agit en l'espèce, non pas d'une reproduction que les appelants ont faite d'une simple reproduction émanant de l'intimé, mais de celle d'œuvres connues et créées par ce dernier, telles que le sont le plan photographique du canal de Suez, diverses vues et divers types.

Attendu, en ce qui concerne l'appel incident, que l'évaluation des dommages intérêts dus pour le préjudice causé à l'appelé par le fait des appelants est juste et équitable ... » (1).

Equateur (2) — Ce pays possède une loi du 3 août 1889, pour la protection des œuvres littéraires et artistiques ; elle ne parle pas de la Photographie. Pour conserver ses droits, l'auteur d'une œuvre littéraire et artistique doit la faire enregistrer.

Espagne (3). — L'Espagne a signé la Convention de Berne. — L'art 1 du règlement du 3 septembre 1880, pour l'exécution de la loi du 10 janvier 1879, sur la propriété intellectuelle, comprend formellement la photographie dans les œuvres protégées par ladite loi. Cette loi espagnole de 1879 dans sa formule large « sur la propriété intellectuelle » embrasse non seulement le sœuvres artistiques et littéraires, mais encore les œuvres scientifiques. A ce double titre, la photographie, soit qu'on l'envisage comme

(1) Tribunal d'Ismaïlia, 29 juin 1876, décidait « que la photographie est une application de l'art et de la science dont les produits, suivant les principes généraux en droit, constituent la propriété de leur auteur ». Ch. LYON-CAEN et P. DELALAIN. II, p. 24, et la note comp. arrêt d'Alexandrie, *loco citato*, p. 23, *in fine*.

(2) Voir LYON-CAEN et DELALAIN, tome II, page 87 — OUAY *op. cit.*

(3) Voir *Annuaire de législation étrangère*, 1880, pages 430 à 437 — LYON-CAEN et DELALAIN, tome I, p. 207.

science, soit qu'on l'envisage comme art, devait être protégée par elle contre les contre-facteurs.

États-Unis d'Amérique (1) — Les droits des auteurs d'œuvres littéraires et artistiques étaient protégés par une loi incorporée dans les statuts revisés des États-Unis du 8 juillet 1870. — L'article 4905 comprenait dans les œuvres protégées après l'enregistrement, les œuvres photographiques, et punit d'une amende de 10 dollars chaque reproduction illégale.

Une loi récente du 3 mars 1891 a reconnu en principe le droit d'auteur au photographe ; c'est donc adjoindre les œuvres photographiques aux autres œuvres intellectuelles.. Malheureusement une question économique est intervenue là où elle n'avait rien à faire ; c'est le protectionnisme.

La loi du Copyright ne favorise aujourd'hui que les Américains et devient illusoire pour les étrangers, puisqu'elle stipule « que les clichés pour être protégés doivent avoir été faits sur le territoire des États-Unis ».

(1) Ch. Lyon-Caen et P. Delalain, II, p. 107. — *Cours de circuit des États-Unis, district sud de New-York*, 20. décembre 1888. — *Journal de droit international privé*, 1889, p. 906.

Cette clause est d'autant plus incompréhensible qu'en dehors du fait, il ressort,.en droit, qu'un art qui marche de pair avec la photographie, nous avons nommé la photogravure, n'est pas soumise à cette obligation. Espérons que cette bizarrerie choquante n'est que momentanée.

Finlande (1). — Loi du 15 mars 1880, article 17, sur le droit de l'auteur et de l'artiste au produit de son travail.

« Quiconque a exécuté, sans commande, une image photographique d'une œuvre d'art dont la reproduction est permise, a seul le droit pendant cinq ans de reproduire cette image, pour la vendre, au moyen de la photographie, à condition de revêtir chaque exemplaire de son nom et du millésime de l'année où la première photographie a été prise.

Lorsque la photographie a été prise sur commande, il est interdit de la multiplier, pour tout autre but, sans le consentement de la personne qui l'a commandée. »

France (nous renvoyons aux différents chapitres où les diverses questions se trouvent être traitées). — La France a signé la Conven-

(1) Voir LYON-CAEN et DELALAIN, tome I, page 510 — *Annuaire de législation comparée*, 1881, traduction de **Pierre Dareste**.

tion de Berne, qui contient dans le protocole de clôture le passage suivant :

« Au sujet de l'article 4, il est convenu que ceux des pays de l'Union où le caractère d'œuvres artistiques n'est pas refusé aux œuvres photographiques s'engagent à les admettre, à partir de la mise en vigueur de la Convention conclue en date de ce jour, au bénéfice de ses dispositions. Il ne sont d'ailleurs tenus de protéger les auteurs desdites œuvres, sauf les arrangements internationaux existants, ou à conclure, que dans la mesure où leur législation permet de le faire.

Il est entendu que la photographie autorisée d'une œuvre d'art protégée jouit, dans tous les pays de l'Union de la protection légale au sens de ladite Convention, aussi longtemps que dure le droit principal de reproduction de cette œuvre même, et dans les limites des conventions privées entre les ayants droit. »

Cette disposition, fort importante, a été ajoutée à la Convention grâce aux efforts du Syndicat pour la défense de la propriété artistique et littéraire organisé par le Cercle de la librairie.

Grande-Bretagne (1). — Elle a signé la

(1) 25 et 26 Vict. Ch. LXVIII, 20 juillet 1862. — Ch. LYON-CAEN et DELALAIN. *Lois françaises et étrangères sur la propriété littéraire et artistique*, tome I, p. 300.

convention de Berne. — Un acte ou loi relatif aux œuvres des Beaux-Arts du 29 juillet 1862, for amending the law relating to copyright in works of the Fine Arts, and for repressing the Commission of hand in the production and sale of such works, s'occupe entre autres de la photographie qu'elle mentionne spécialement. — Cette loi a une très grande importance pour les photographes de France et d'Angleterre puisque d'une part elle complète la législation anglaise et que d'autre part elle profite aux Français en vertu du traité international qui leur assure la même protection qu'aux nationaux.

Cette loi était utile à un autre point de vue. Il est permis de supposer que la reproduction photographique d'une œuvre du domaine privé aurait été considérée comme une contrefaçon même par les juges anglais. Mais aurait-on aussi facilement consenti à faire rentrer les photographies dans la catégorie des gravures, estampes et lithographies, constituant, par elles-mêmes, une œuvre distincte et une propriété privée protégée par la loi ? C'est ce qui est moins douteux ; le contraire semblerait même résulter du préambule de la loi. Or toute hésitation cesse aujourd'hui devant la loi : Tout auteur d'une œuvre photographique originale, et ses ayants cause, conserve le droit exclusif de copier, graver, reproduire et multiplier ladite photograpie et son épreuve négative par tous les moyens possibles ; ce droit dure la vie naturelle de l'auteur et en outre sept ans après sa mort.

Notons qu'en Angleterre aucune loi ne limite le droit de photographier. L'amateur et le professionnel n'éprouvent aucune difficulté à prendre des vues de la ville de Londres, et de ses monuments. Toutefois, pour l'intérieur de certains édifices on exige la même autorisation que pour les squares et les parcs, autorisation qui d'ailleurs s'obtient avec facilité soit du *County Council*, soit de l'*Office of Work*.

Colonies anglaises. — La loi du 25 juin 1886, relative au droit d'auteur, dans ses rapports avec les pays étrangers et les colonies, porte dans son art. 8 :

« Les lois relatives au droit d'auteur s'appliqueront, conformément aux dispositions de la présente loi, à toute œuvre littéraire ou artistique publiée pour la première fois dans les possessions britanniques sous les conditions dans lesquelles elles s'appliquent aux œuvres publiées pour la première fois dans le Royaume-Uni... »

Rien, dans les lois relatives à la propriété littéraire, ou dans la présente loi, ne s'opposera à l'adoption, dans une possession britannique, de quelque loi ou ordonnance concernant spécialement le droit d'auteur sur les œuvres publiées pour la première fois en cette possession, et ce, dans les limites territoriales de ladite possession.

Canada. — La loi du 26 octobre 1874, approuvée par ordonnance royale du 2 août 1875, range la photographie parmi les œuvres protégées, à condition que la mention de la réserve du droit de propriété sera faite sur la photographie.

Grèce (1). — Aucun texte n'existe pour la protection artistique.

La législation grecque se compose actuellement : 1° de deux dispositions (art. 432 et 433 du Code pén.) ne réprimant que la réimpression ou imitation, et ne protégeant les auteurs et leurs héritiers que pendant 15 ans, délai trop bref ; — 2° de dispositions proscrivant le dépôt,

(1) Voir Lyon-Caen et Delalain, tome 1, page 373.

contenues dans les lois du 10 mai 1834 et du 24 novembre 1867.

Cette législation insuffisante ne peut subsister. On a présenté, le 20 janvier 1880, à la Chambre du projet de loi contre la contrefaçon et l'imitation des œuvres d'art et de la pensée. Ce projet n'a eu que les honneurs de la seconde lecture. — En ce moment, le gouvernement, prenant l'initiative, a nommé deux commissions extraordinaires chargées de préparer un nouveau projet. Les œuvres photographiques s'y trouveront-elles mentionnées? On ne peut encore le savoir.

Guatémala. (1). — La propriété artistique et littéraire est régie par un décret-loi rendu par le président Rufino-Barrios, le 20 octobre 1879.

Il porte ;

Article Premier. — Les habitants de la République ont le droit exclusif de publier et de reproduire autant de fois qu'ils le jugent convenable, en totalité ou en partie leurs œuvres originales, soit au moyen de copies ou de transcriptions, soit à l'aide de la presse, de la lithographie ou de tout autre procédé analogue.

(1) Voir Lyon-Caen et Delalain, tome II, page 117.

Haïti (1). — Ce pays a signé la Convention de Berne. Il possède une loi sur la propriété artistique et littéraire en date du 8 octobre 1885. Son article premier, dans son énumération qui, il est vrai, n'est pas limitative, ne parle pas de la photographie; mais comme Haïti est lié par la Convention de Berne, et que sa législation ne s'y oppose pas, la photographie se trouve protégée par cette loi et par le Code pénal haïtien de 1835, article 347 et suivants :

Art.347. — Toute édition d'écrits de composition musicale, de dessin, de lithographie, peinture, ou de toute autre production imprimée ou gravée en partie ou en entier au mépris des lois et règlements relatifs à la propriété des auteurs est une contrefaçon et toute contrefaçon est un délit.

Art. 349. — La peine contre le contrefacteur ou contre l'introducteur sera une amende de cent gourdes (500 fr.) au moins ou de 400 gourdes (2000 fr.) au plus, et contre le débitant une amende de seize gourdes (80 fr.) au moins et de quatre-vingts gourdes (400 fr.) au plus.

Les planches, moules ou matrices des objets contrefaits seront aussi confisqués.

Hawaï ou îles Sandwich (Royaume d'). —

(1) Voir Lyon-Caen et Delalain tome II, page 127.

La loi du 23 juin 1886 réglant l'enregistrement des droits de propriété des auteurs comprend notamment la Photographie dans les œuvres protégées (1).

Art. 1. — A dater du vote de cette loi, l'auteur de toute estampe..... planche, gravure, photographie, peinture, desseins..... ou les héritiers éxécuteurs testamentaires ou administrateurs de la succession d'un auteur décédé peuvent se procurer un certificat des droits de propriété.

Ce certificat est reçu sur requête présentée au ministère de l'intérieur établissant sous serment que le demandeur est le premier et véritable auteur de la photographie, ou, si la demande est faite par le représentant légal, qu'il croit que ledit auteur décédé était le premier et véritable auteur ; — on paie un droit de cinq dollars (soit 25 fr.)

Honduras (2). — Le code civil de 1880 (art. 663) déclare que des lois spéciales régiront la matière. Il n'en a point encore été fait.

Hongrie (3). — Ce pays n'a pas signé la con-

(1) Voir Lyon-Caen et Delalain, tome II page 199, et Guay, *op. cit.*

(2) Voir Lyon-Caen et Delalain, tome II page 129, et Guay *op. cit.*

(3) Voir *Landesgesetz Sammlung für das Jahr*, 1884,

vention de Berne. — La législation hongroise, comme la législation allemande, renferme des dispositions particulières à la photographie. Cette fois les textes se trouvent intercalés sous une rubrique spéciale dans la loi XVI sur le droit d'auteur, sanctionnée le 26 avril 1884, et promulguée le 4 mai 1884. Ce chapitre VI sur les photographes semble une copie de la loi allemande de 1870. Comme elle, la loi hongroise ne réprime la reproduction mécanique, et ne garantit la production à l'auteur de l'œuvre photographique ou à ses ayants cause que pendant cinq ans à partir de l'expiration de l'année durant laquelle a paru pour la première fois l'original (art. 70).

Italie (1). — L'Italie a signé la Convention de Berne. — C'est peut-être le pays où la propriété photographique est la plus discutée. Mais d'une part elle compte de célèbres adversaires notamment Ferrari (2), et sa brochure « contre la photographie » d'autre part

p. 153 à 180 — *Annuaire de législation étrangère*, 1885, p. 311 et suiv. — Ch. Lyon-Caen et Delalain, *Lois françaises et étrangères sur la propriété artistique et littéraire*, tome I, page 160.

(1) Voir Lyon-Caen et Delalain, tome I, p. 381.

(2) Ferrarie Zambellini. *Principes et limites de la propriété légale due aux produits photographiques* (Hœpli Milan 1892).

15.

ses partisans sont non moins éminents (1). Romini s'exprime ainsi dans les *Droits d'auteur sur les œuvres de la photographie.*

« L'expression large et étendue de la loi italienne qui réserve les droits d'auteur non seulement aux œuvres de l'art et du génie, mais à toute œuvre de l'esprit (*opere dell' ingegno*), aux plus sublimes comme aux plus médiocres, me paraît détruire toute objection. »

En général, les jurisconsultes protègent la photographie.

(1) Voir aussi : DRAGO, *Commento alla legge 25 guigno 1865* (Gênes, 1866, p. 126 et suiv.) ; — BROGI, *In proposito della protezione legale sulle fotographie* (Florence, Rome, 1885) ; *I diritti d'Autore*, 1883 (p. 3), 1886 (p. 73), 1887 (p. 47). — AMAR, *Dei diritti degli artisti* (Turin, 1880, p. 92) ; *Dei diritti degli autori* (Turin, 1874, p. 217). Le Ministre de l'Industrie et du Commerce s'exprimait ainsi en avril 1886 : « Je suis arrivé à la conviction que ni l'esprit ni la lettre des dispositions contenues dans la loi du 25 juin 1865, refondue le 10 septembre 1882, n'excluent de la catégorie des œuvres de l'esprit, de tels travaux dans la perfection, etc... » Voir dans le *Droit d'auteur*, organe officiel de l'Union internationale, (15 février 1889), la traduction de cette « interprétation presque authentique ». La jurisprudence est contraire à cette doctrine, et admet la thèse française. Voir Turin, 25 oct obre 1861 ; Naples, 2 août 1867 (*Annalo*, 2, 121) ; Turin, 8 février 1868 ; (*Giurisprudenza*, 1868, p. 6 et 241) ; Florence, 26 novembre 1870 (*I diritti d'autore*, 1881, nᵒˢ 1 et 2) ; Venise, 28 décembre 1882, et 10 mars 1887, *Journal du Droit international privé*, 1885, p. 469, et 1888, p. 696. —

L'article 1, § 3, de la Convention du 9 juillet 1884, promulguée le 23 janvier 1885, comprend les photographies parmi les œuvres protégées.

Le *Bollettino della Istruzione pubblica* dans son numéro du 24 août 1893 (p. 1597 et suiv.) publie le texte d'un décret royal du 6 août 1893 qui, reconnaissant la nécessité de légiférer sur les questions de reproduction photographique, approuve et rend exécutoire un règlement du ministre de l'Instruction publique. (1)

Pour reproduire au moyen de la photographie un monument artistique meuble ou immeuble, il faudra l'autorisation de celui auquel il appartient.

Le concessionnaire qui voudra être protégé contre la contrefaçon, devra remettre un nombre limité d'épreuves positives et négatives au ministre de l'Instruction publique et dans les lieux de dépôts fixés par le règlement. (art. 3)

La photographie devra porter diverses mentions que nous trouvons d'ailleurs signalées

(1) La nouvelle de la promulgation du décret et le texte du règlement sont parvenus à l'auteur pendant la correction des épreuves du présent ouvrage ; aussi ne lui a-t-il été possible que d'en donner un aperçu très général.

dans les législations analogues. L'art. 2 est, en effet, ainsi conçu :

Art. 2. — L'istanza deve indicare :

a) Il nome e l'indirizzo di chi vuol fare la riproduzione e, dove occorra, dell' operatore ;

b) I monumenti ed oggetti o le parti di essi che intendonzi riprodurre ;

c) Il fine per cui si domanda di fare la riproduzione ;

d) Il sistema che si vuole adottare e la durata presunta delle operazioni ;

e) L'obligo di assumere ogni responsabilità derivante dalle operazioni da eseguirsi ;

f) L'obligo di conformarsi al presente regolamento ed ai regolamenti in vigore presso i singoli Istituti.

L'art. 10 innove sagement :

Art. 10. — La transmissione delle copie assignate al Ministero della publica istruzione viene fatta ogni mese.

Con le fotografie dei monumenti d'arte e dei cimeli artistici, il detto ministero formerà due collezioni a corredo del catalogo generale, una delle quali completa servirà all' amminitrazione centrale, l'altra, divisa per regioni, sarà distribuita alle autorità regionali.

In quanto alla fotographie dei monumenti o cimeli i quali non appartengono al ministero della publica intruzione, qurto provederà ad inviarle alle administrazioni cui spettano.

Con le fotografie dei cimeli scientifici e letterari ministero formera una collezione per l'amministrazione centrale.

Japon (1). — La photographie au Japon est protégée par une Ordonnance impériale du 28 décembre 1887, relative au droit de propriété sur les photographies.

Art. 2. — Le Droit de propriété sur une photographie appartient au photographe qui l'a prise et après sa mort à ses héritiers. Le droit de proprié é sur une photographie mise en dépôt chez un photographe appartenant au déposant et après sa mort à ses héritiers.

Toute personne ayant un droit de propriété sur des photographies ainsi déposées peut retirer des mains du photographe dépositaire les clichés existants.

Les articles suivants fixent la durée de garantie à 10 ans à condition qu'une inscription soit faite au Ministère de l'intérieur, accompagné du dépôt de 2 épreuves échantillons, et d'une somme équivalente au prix de 6 exem-

(1) Voir LYON-CAEN et DELALAIN, tome II, p. 416. — *Journal général de l'imprimerie et de la librairie* (nᵒ du 16 juin 1888).

plaires. Les photographies doivent être enregistrées, sauf celles des personnes qui sont protégées sans cette formalité, et la protection dure dix ans.

Luxembourg (Grand duché de) (1). — A l'époque de la domination française, il était régi par le décret du 19 juillet 1793, qui a été remplacé par la loi hollandaise du 25 janvier 1817. *Le droit de copie* des œuvres originales est exclusivement réservé aux auteurs et à leurs ayants cause. Nul doute, d'après la jurisprudence luxembourgeoise, qu'il faille dans le silence du texte appliquer les dispositions de cette loi aux photographies.

Mexique (2). — La propriété artistique et littéraire est protégée par le livre I titre 8 du code civil de 1871. L'art. 1306 désigne sommairement la photographie.

Monaco (2). — Ce pays assimile les photographies aux autres œuvres d'art dans son ordonnance souveraine sur la protection des

(1) Voir LYON-CAEN et DELALAIN, tome I, p. 406.
(2) Voir LYON-CAEN et DELALAIN, tome II, p. 137. — GUAY, *op. cit.* — Voir aussi les art. 1251, 1253, 1266, 1273, 1270 et 1307. — Pataille 76257.
(3) Voir LYON-CAEN et DELALAIN, tome I. p. 423.

œuvres artistiques et littéraires du 27 février 1880 (art. 27) et le protège comme telles.

Nicaragua (1). — Ce pays n'a aucune législation sur la propriété artistique et littéraire, et n'a signé aucune convention internationale pour la protection de ces œuvres.

Norwège (2). — Ce pays réglemente la photographie par une loi spéciale du 12 mai 1877. Pour être protégé, l'intéressé doit inscrire sur chaque exemplaire le mot emberet-tiget (droit exclusif), l'indication de l'année où le premier exemplaire a été tiré, ainsi que son propre nom, et de plus, s'il s'agit de la reproduction d'une œuvre d'art, le nom de l'artiste.

Ce droit subsiste pendant un espace de 5 ans après l'expiration de l'année où le premier exemplaire a été tiré, mais sans jamais survivre au photographe.

Paraguay. (3). — Il n'y a que l'article 19 de la Constitution du 24 novembre 1870 qui porte:

(1) Voir Lyon-Caen et Delalain, tome II. . 153, Guay, *op. cit.*

(2) Voir Lyon-Caen et Delalain, tome I, p. 452. — *Annuaire de législation étrangère*, 1878, p. 656.

(3) Lyon-Caen et Delalain, tome II, p. 155. — Guay, *op. cit.*

Tout auteur ou inventeur a la propriété exclusive de son œuvre, invention ou découverte, pendant la durée fixée par la loi.

Une loi avait été faite de 1862 à 1865 ; mais elle est tellement tombée en désuétude que, en 1869, on n'en pouvait retrouver le texte dans les archives du Ministère des relations étrangères.

Actuellement il n'y a donc pas de loi sur la matière.

Pays Bas. (1) — Pas de législation spéciale. Les Pays-Bas ont une loi du 28 juin 1881 pour la protection de la propriété littéraire. Cette loi est applicable aux Indes néerlandaises.

Il faut donc, pour les œuvres d'art, se reporter à la loi du 25 janvier 1817, laquelle est aussi en vigueur dans le grand-duché du Luxembourg. (Voir ce pays).

Pérou (2). — Le Pérou possède une loi protectrice de la propriété artistique et littéraire, en date du 3 novembre 1849, mais la photographie n'est pas nommément désignée.

Les principes sont encore consacrés par la

(1) LYON-CAEN et DELALAIN, tome I, p. 453.
(2) LYON-CAEN et DELALAIN, tome II, p. 162. — GUAY, *op. cit.*

Constitution de 1860, actuellement en vigueur et dont l'article 26 est ainsi conçu :

La propriété est inviolable, qu'elle soit matérielle, intellectuelle, littéraire ou artistique ; nul ne peut être privé de sa propriété, si ce n'est pour cause d'utilité publique, légalement reconnue et moyennant une indemnité fixée préalablement.

Portugal (1). — Pas de législation spéciale : mais la propriété artistique et littéraire est protégée par les art. 570 et 612 du Code civil promulgué le 1er juillet 1867, et par les art. 457 et 460 du Code pénal de 1886. La photographie n'est pas spécialement nommée.

Roumanie. (2) — Pas de législation ; on n'est même pas d'accord sur la question de savoir si les œuvres littéraires et artistiques sont protégées. Les art. 330 à 342 du Code pénal roumain qui ne font que reproduire les art 425 à 429 du Code pénal français, punissent la contrefaçon mais sans fixer la durée du droit auteur. Ils ne résolvent donc aucune des questions que soulève la matière.

Russie (3). — La législation russe sur la

(1) Voir LYON-CAEN et DELALAIN, tome I, p. 427.
(2) Voir LYON-CAEN et DELALAIN, tome I, page 477.
(3) Voir LYON-CAEN et DELALAIN. tome I, p. 498.

propriété littéraire et artistique se compose d'une loi pour tous les territoires de l'empire (règlement sur la censure et la presse, édition de 1886) et d'une autre loi pour le grand-duché de Finlande.

L'article 39 du règlement de 1886-88 ancien art. 321 porte :

Les peintres, les sculpteurs, les architectes, les graveurs, les médailleurs et les artistes s'occupant des autres branches des beaux-arts, outre le droit de propriété protégé par les lois générales sur chacune de leurs œuvres considérées comme objets corporels, jouissent, pendant toute la durée de leur vie, du droit appelé propriété artistique. Celle-ci consiste dans le droit exclusif, qui n'appartient qu'à eux, de répéter, de publier et de reproduire leur œuvre originale par tous les moyens possibles propres à l'un ou l'autre des beaux-arts.

L'art. 33 (ancien art. 321) fort heureusement empêche que cette législation soit sujette aux mêmes interprétations contradictoires soulevées par la loi française. Il mentionne en effet la photographie parmi les matières protégées :

Pour les héritiers et les acquéreurs, les droits sur l'œuvre de peinture, gravure, lithographie, *photographie*, sculpture, architecture, médailles et autres, expirent après cinquante années à compter du jour de la mort de l'artiste, ou du jour où son œuvre a été livrée à la publicité, si elle n'était pas publiée lors de sa mort.

La Russie n'a pas pris part à la Convention de Berne.

Les lois qui ordonnent le droit de photographier pour l'amateur et le professionnel sont d'une réglementation rigoureuse surtout dans les régions frontières. La permission est octroyée par le chef de police sur décision spéciale du général gouverneur de la ville. La durée de la permission varie d'un endroit à un autre : A Moscou, elle est illimitée ; à Varsovie, elle n'est que d'une année. Au moment de la prise en possession on en donne reçu sur un registre spécial.

Il convient d'ajouter qu'un mouvement de faveur commence. Les photographes étrangers seraient soumis au régime du règlement de 1886, sur la censure. Ceci tient surtout au développement progressif que prend la photographie dans ce pays.

Saint-Marin (République de) (1). — Pas de législation spéciale. Seulement dans la Convention de bon voisinage et d'amitié conclue,

(1) Voir Lyon-Caen et Delalain, tome I, p. 517.

le 27 mars 1882, entre la République de Saint-Marin et le Royaume d'Italie, l'article 35 porte que : « la République, adhérant pleinement aux principes consacrés en Italie, relativement à la propriété littéraire, s'oblige à empêcher sur son territoire toute reproduction des œuvres de littérature ou d'art *publiées* dans le royaume d'Italie. »

Salvador (1). — Le Code civil de 1880 contient la disposition suivante :

Art. 610. — Les productions du talent ou de l'esprit sont la propriété de leurs auteurs.

Cette propriété est régie par des lois spéciales.

Il n'y a pas de loi spéciale sur ce sujet.

Le 2 juin 1880, la République de Salvador a conclu une convention avec la France, pour la protection de la propriété des œuvres littéraires et artistiques ; dans l'énumération ne figure pas la photographie.

Serbie (2). — Pas de législation spéciale sur la propriété artistique et littéraire, on trouve seulement dans le Code civil serbe de 1844 (livre II, titre 26), l'art. 720, présu-

(1) Lyon-Caen et Delalain. tome II, p. 161.
(2) Voir Lyon-Caen et Delalain. 1, p. 519.

mant qu'un règlement spécial serait fait. Cette disposition n'a pas encore reçu son exécution.

Suède (1). — La Suède possède une loi du 3 mai 1867 relative à la reproduction des œuvres d'art; mais elle ne contient rien de spécial à la photographie. Nous ignorons si la jurisprudence comprend la photographie dans les œuvres artistiques.

Le 16 août 1892, une conférence s'est tenue pour rendre possible l'adhésion à la Convention de Berne.

Suisse (2). — La Suisse a signé la convention de Berne. Elle possède une loi fédérale du 23 avril 1883 concernant la propriété littéraire et artistique ; cette loi, dans ses dispositions, assimile la photographie aux autres créations artistiques, à condition que l'œuvre soit enregistrée.

Art. 9. Les œuvres photographiques et autres œuvres analogues sont admises au bénéfice des dispositions de la présente loi sous les conditions suivantes :

1º L'œuvre doit être enregistrée conformément à l'art. 3 § 1.

(1) Lyon-Caen et Delalain, tome 1 p. 522.
(2) Lyon-Caen et Delalain, tome 1, p. 541.

2° La durée du droit de reproduction est fixée à cinq années, à partir du jour de l'inscription. S'il s'agit de la reproduction d'une œuvre artistique non tombée dans le domaine public cette durée sera celle résultant du contrat entre le photographe et l'artiste. En l'absence de stipulation sur ce point, la durée reste fixée à cinq années, à l'expiration desquelles l'auteur ou les ayants-cause rentrent dans tous les droits qui leur sont garantis par l'art. 2.

3° Lorsque l'œuvre a été exécutée sur commande, le photographe, à moins de stipulations contraires, n'a pas le droit de reproduction.

Le fait de prendre directement de l'original une photographie d'un objet déjà photographié précédemment ne constitue pas une contrefaçon.

Le Concordat de 1856 était muet. — Cette loi considère les œuvres photographiques, comme des œuvres d'art d'une catégorie inférieure, qui ne doivent être protégées que pendant un temps très limité. C'est le système allemand avec cette modification cependant que durant cinq années, toute reproduction est interdite en Suisse, tandis qu'en Allemagne la loi ne prohibe que les reproductions par des procédés mécaniques ou par la photographie et non les reproductions faites à la main, par la peinture, le dessin ou la sculpture. En outre le point de départ du délai de jouissance n'est pas le même dans les deux législations.

En outre (art. 0) le droit des photographes n'est plus limité à cinq ans, lorsqu'ils reproduisent une œuvre d'art du domaine privé. La durée du droit est fixée par le contrat dans les termes, bien entendu, du droit de l'artiste.

Ainsi, lorsque le propriétaire d'une maison, d'une machine, d'un tableau, s'adresse à un photographe et le rétribue, celui-ci ne peut prétendre au droit exclusif de reproduction à moins de convention contraire. Il en est de même du naturaliste qui a besoin d'une vue spéciale.

En principe, le photographe ne possède aucun droit lorsqu'il a exécuté son œuvre *sur commande* ; les peintres et les sculpteurs ne perdent le droit de reproduction que s'il s'agit d'un portrait ou d'un buste qui leur a été commandé.

Le règlement d'exécution pour cette loi, du 28 décembre 1883, décide que :

Art. 1er. Le département fédéral de Commerce (division du commerce et de l'industrie) à Berne tient un double registre (registre A) pour les œuvres dont l'inscription et obligatoire à teneur de la loi fédérale : savoir...

2° Pour les œuvres photographiques et autres œuvres analogues.

Tunisie (1). — La Tunisie a une loi du 15 juin 1889, pour la protection de la propriété littéraire et artistique, dont l'article 3 dit :

L'expression « œuvres littéraires et artistiques » comprend les livres... les œuvres de dessin, de peinture, de sculpture, de gravure, les lithographies, les illustrations, les cartes géographiques... enfin toute production quelconque du domaine littéraire, scientifique ou artistique qui pourrait être publiée par n'importe quel mode d'impression ou de reproduction.

Ce droit existe pour les auteurs pendant toute leur vie et pour leurs héritiers cinquante ans après leur décès.

La Tunisie a apposé sa signature au bas de la Convention de Berne.

Turquie (2). — Il n'y a pas de législation particulière pour la protection des œuvres artistiques. Nous n'avons trouvé que des dispositions se rapportant à l'impression des œuvres littéraires, contenant des plans, cartes ou dessins ayant obtenu un privilège, car en Turquie, on admet encore le système des privilèges. Ces

(1) Voir Lyon-Caen et Delalain, tome II p. 3; — *Journal officiel tunisien* du 29 juin 1889.
(2) Lyon-Caen et Delalain, tome I, p. 564.

volumes, qui doivent avoir été imprimés en Turquie ne peuvent contenir moins de vingt et une lignes par page, ou moins de cinquante planches, et l'ouvrage ne pourra avoir moins de deux cents pages.

Uruguay (1). — Le Code civil de 1868, en vigueur du 1er janvier 1869, porte :

ART. 443. — Les productions du talent et de l'esprit sont la propriété de leurs auteurs.

Cette propriété est régie par des lois spéciales.

Il n'a pas encore été fait de loi sur la propriété littéraire et artistique. Il n'y a pas non plus de convention avec d'autres pays. Quant aux lois qui limitent le droit de photographier pour les amateurs et les professionnels, il n'en existe aucune. En conséquence on peut photographier à son aise soit en ville, soit dans la campagne sans permission.

Vénézuéla (2). — Ce pays possède une loi du 12 mai 1887, sur la propriété artistique et littéraire. Elle ne nomme pas la photographie. Pour les dessins, gravures, etc., il faut l'enre-

(1) Voir LYON-CAEN et DELALAIN tome II p. 165 ; — GUAY *op. cit.*

(2) Voir LYON-CAEN et DELALAIN tome II p. 197 ; — GUAY *op. cit.*

gistrement. Cette loi reconnaît le droit de réciprocité avec tous les pays qui reconnaissent et protègent la propriété intellectuelle des étrangers.

APPENDICE

APPENDICE 1

EXEMPLE JURIDIQUE (1)

Les hypothèses que présente la question du droit de photographier, si féconde en chicanes et en procès sont si nombreuses, si fréquentes qu'il serait puéril de songer à les énumérer. Cependant il est utile d'en mettre parfois quelques-unes sous les yeux des lecteurs dès qu'elles paraissent devoir intéresser à des titres divers.

L'occasion s'est offerte sous forme d'une lettre que nous tenons à reproduire textuellement.

« Monsieur,

« Voudriez-vous me permettre de vous demander un petit renseignement sur le droit de photographier ?

« Voici le cas :

« Dans notre séminaire, il y a une chapelle

(1) Article paru dans la *Photo-Revue* n° 16 (décembre 1892) et dans la *Photographie*, n° 18, (août 1893).

ouverte au public, mais propriété particulière de la maison. Un de ces jours derniers, un amateur est venu photographier l'intérieur de la chapelle sans permission, et cette photographie, il l'a mise en vente chez les libraires de la ville. De mon côté, moi-même, depuis longtemps, je vends cette photographie sous forme d'image et la maison en a la propriété ?

«Dans quelle mesure et de quel droit pourrais-je défendre à cet amateur indélicat de faire vendre ces photographies que nous vendons nous-mêmes comme notre propriété ?

« Cet homme avait-il le droit de photographier l'intérieur et puis-je l'empêcher même de donner gratis ces photographies ?

Jusqu'à quel point peut-on poursuivre, au besoin, devant les Tribunaux, les vendeurs de ces photographies ? »

Ainsi, donc, l'espèce posée est la suivante :

Un séminaire renferme dans son enceinte une chapelle ouverte aux personnes pieuses de la localité, mais propriété privée de l'établissement. Cette église, paraît il, est un sujet de curiosité pour les touristes. Le chapelain, dans un but lucratif, offre aux visiteurs des photographies diverses représentant l'intérieur et l'extérieur de l'édifice. Jusqu'ici rien que de très légitime. Survient un amateur photographe ; il braque son indiscret appareil sur ladite église, en tire plusieurs phototypes négatifs, les conserve précieusement, et cherche à en distribuer gratuitement des photocopies positives. Le commerce de l'aumônier en subit le contre-coup ; celui-ci croit à un préjudice et cherche si des moyens légaux ne lui permettront pas de le réparer.

Trois questions juridiques se posent dans l'hypothèse :

1° L'amateur photographe avait-il le droit de photographier la chapelle et dans quelle mesure ?

2° En supposant qu'il eût ce droit, peut-il délivrer gratuitement ses épreuves ?

3° Enfin, jusqu'à quel point pourrait-on exercer contre lui des poursuites ? (1)

1° L'amateur photographe avait-il le droit de photographier la chapelle ?

De ce que le domaine public se compose en partie de monuments, d'édifices, de temples même, il ne faudrait pas en conclure, par analogie, que tous les monuments, tous les édi-

____

(1) Nous ne pouvons ici n'envisager qu'un côté de la question. Pour cette matière et d'autres identiques se reporter aux chapitres spéciaux sur chacune de ces diverses questions.

fices tombent dans ce domaine public. Certains, au contraire, sont propriété privée ; l'espèce nous en donne un exemple,

La distinction est importante en droit, au point de vue photographique.

Les rues, musées, monuments ou sites, qui sont l'objet du domaine public, peuvent être reproduits librement par la photographie ; ceci autorisé par la loi confirmée par une jurisprudence constante. Et ce droit que les photographes, de même que les peintres, les artistes, ont de s'en emparer s'explique logiquement. L'architecte, en livrant son œuvre pour un usage public, n'a pu se réserver, le droit exclusif d'en reproduire l'aspect par le dessin.

Tout autre est la règle dès qu'il s'agit de propriété privée : qu'il soit amateur, qu'il soit professionnel, le photographe ne peut jamais exploiter la reproduction des œuvres qui sont protégées par un droit de propriété, c'est-à-dire qu'il ne peut à aucun prix, sans autorisation, braquer son appareil sur les ouvrages d'art, monuments, édifices qui ne sont point dans le domaine public.

Mais, dira-t-on, c'est retirer le droit de prendre une maison, sa façade, et, par voie de conséquence, la rue, les boulevards, les promenades, les routes, objets du domaine public limités souvent par des propriétés privées ! Assurément ce serait pousser l'argumentation dans ses plus extrêmes déductions, et nous sommes d'avis qu'en allant aussi loin on court grand risque de tomber dans l'exagération.

Mais, dans l'hypothèse que nous examinons, il n'y a point à hésiter. La chapelle était enclavée dans le séminaire dont elle n'est qu'un accessoire et comme lui, par conséquent, reste propriété privée, en vertu de la règle que l'accessoire suit le principal *accessorium sequitur principale*.

De plus, circonstance aggravante, l'amateur a photographié non seulement l'extérieur, mais l'intérieur de l'édifice. Or il ne pourrait même pas alléguer, comme excuses, les œuvres d'art que pouvait renfermer le monument, puisqu'il ressort d'une jurisprudence assez fermement établie qu'une œuvre d'art, une statue par exemple, ne tombe point dans le domaine public par cela seul qu'elle est placée dans l'intérieur d'une église.

On pourrait arguer, mais à tort, selon nous, de ce fait que le chapelain n'a pas mis obstacle à la représentation de son édifice. Il eût été préférable qu'il y mit empêchement avant la consommation de l'acte; mais, comme cet acte eût pu être dissimulé, ce serait une erreur de présumer par son silence une autorisation tacite.

2° — Mais, en supposant que ce droit lui eût été accordé, c'est-à-dire que le chapelain, par autorisation formelle, eût permis à l'amateur de tirer quelques phototypes pour son usage personnel, *ce dernier aurait-il le droit d'en distribuer gratuitement comme témoignage de son talent ?*

Si cette distribution n'entraîne aucun préjudice pour l'aumônier, par exemple, si elle a lieu à des parents, à des amis, à des connaissances, il y aurait mauvais vouloir à l'en empêcher, et ce serait tenter de pousser le droit jusque dans ses plus extrêmes limites ; or *summmum jus, summa injuria !*

Si la distribution, au contraire, peut entraver en quoique ce soit le commerce licite du propriétaire-vendeur, il y a grande probabilité à ce que le plaignant pût invoquer l'article 1382 du Code civil qui oblige à réparation quiconque cause un dommage à quelqu'un. Il y a là, en effet, *damnum emergens et lucrum cessans*, c'est-à-dire perte éprouvée, gain manqué.

Il est vrai que, dans certains cas, le défendeur, comme moyen de défense, pourra alléguer la non-qualité de commerçant chez son adversaire et en déduire la liberté pour ceux qui le jugeront bon de débiter des épreuves de l'édifice. Mais auprès des juges, il y aurait crainte que ce système ne prévalût pas.

3°. — *Cette action que le demandeur pourrait intenter contre le défendeur quelle serait sa nature ?*

Poursuivra-t-il comme contrefacteur ou simplement comme particulier lésé dans ses droits?

Ici, l'indécision commence. Aucune loi ne régit la matière ; et c'est là une lacune regrettable.

Il faut, d'après la jurisprudence actuelle, s'en remettre à l'arbitraire des juges ; théorie électrique, fort contestable. Et pourtant, puisque telle elle existe, force nous est de nous y conformer en attendant un avenir meilleur. Si donc de l'appréciation souveraine du tribunal, transformé en académie photographique, chargé de manifester son goût, ses sentiments plus ou moins artistiques, votre épreuve photographique parait présenter un caractère évident d'œuvre d'art, celui que vous avez cité à comparaître se verra condamné comme coupable de contrefaçon. Il s'entendra prononcer les peines prévues par le décret des 19-24 juillet 1893, relatifs aux droits de propriété littéraire et artistique ; par les articles 425 à 427 du Code pénal, mettant sous leur sauvegarde le photographe considéré comme artiste dessinateur (1).

Si, au contraire, et ce sera probablement la décision de la loi dans l'espèce visée, le demandeur se voit enlever la qualité d'artiste, à défaut de loi spéciale, il ne lui restera plus que l'article 1383 du Code civil, si laconique, si général (2).

C'est ainsi que la jurisprudence, n'osant se prononcer, après mille tâtonnements, mille hésitations, toujours aussi incertaines, a admis un système mixte qui donne libre carrière à la lutte des partis, système dangereux, fertile en inconvénients, en obscurités juridiques, manquant de précision. Et, sur ce terrain, sur ces questions, la lutte est loin de se terminer. Elle s'éternisera jusqu'à l'événement d'un texte législatif formel, c'est-à-dire tant que ne sera point résolu ce dilemme juridique :

(1) Voir divers arrêts : notamment, Lyon, 8 juillet 1887. — Tribunal de Saint-Etienne, 7 juillet, 188.. — Paris, 15 janvier 1864 ; 29 nov. 1869. — Cass., 17 janv. 1882 ; 27 déc. 1884. etc.

(2) Voir Seine, 7 mars 1861, 9 janvier 1862, 12 déc. 1863.

Ou la photographie n'est pas une œuvre artistique, et il faut lui refuser la protection du
décret de 1793 ; ou elle est un art, et elle rentre alors dans la catégorie des dessins.

APPENDICE II

—

DÉCRET

RELATIF AUX DROITS DE PROPRIÉTÉ DES AUTEURS, COMPOSITEURS DE MUSIQUES, PEINTRES ET DESSINATEURS

(19-24 juillet 1793)

—

ARTICLE PREMIER. — Les auteurs d'écrits en tout genre, les compositeurs de musique, les peintres et dessinateurs qui feront graver des tableaux ou dessins jouiront, durant leur vie entière, du droit exclusif de vendre, faire vendre, distribuer leurs ouvrages dans le territoire de la République, et d'en céder la propriété en tout ou en partie.

ART. 2. — Leurs héritiers ou cessionnaires jouiront du même droit durant l'espace de dix ans après la mort des auteurs.

ART. 3. — Les officiers de paix seront tenus de faire

confisquer, à la réquisition et au profit des auteurs
compositeurs, peintres ou dessinateurs et autres,
héritiers ou cessionnaires, tous les exemplaires des
éditions imprimées ou gravées sans la permission
formelle et par écrit des auteurs.

ART. 4. — Tout contrefacteur sera tenu de payer
au véritable propriétaire une somme équivalente au
prix de trois mille exemplaires de l'édition originale.

ART. 5. — Tout débitant d'édition contrefaite, s'il
n'est pas reconnu contrefacteur, sera tenu de payer au
véritable propriétaire une somme équivalente au prix
de cinq cents exemplaires de l'édition originale.

ART. 6. — Tout citoyen qui mettra au jour un ouvrage, soit de littérature ou de gravure, dans quelque
genre que ce soit, sera obligé d'en déposer deux exemplaires à la Bibliothèque Nationale ou au Cabinet des
estampes de la République, dont il recevra un reçu
signé par le bibliothécaire ; faute de quoi, il ne pourra
être admis en justice pour la poursuite des contrefacteurs.

ART. 7. — Les héritiers de l'auteur d'un ouvrage de
littérature ou de gravure, ou de toute autre production de l'esprit ou du génie, qui appartiennent aux
beaux-arts, en auront la propriété exclusive pendant
dix années.

DÉCRET DU 12 SEPTEMBRE 1887 (1)

QUI PRESCRIT LA PROMULGATION *de la Convention signée à Berne le 9 septembre 1886,* CONCERNANT LA CRÉATION D'UNE UNION INTERNATIONALE POUR LA PROTECTION DES ŒUVRES LITTÉRAIRES ET ARTISTIQUES (*Bull. off.*, 1116, nᵒ 18336).

—

Le Président de la République française, sur la proposition du ministre des affaires étrangères, décrète :

ARTICLE PREMIER. — Le Sénat et la Chambre des députés ayant approuvé (2), la Convention signée à

---

(1) Promulg. au *Journal officiel* du 16 septembre.

(2) La loi qui approuve la Convention de Berne est du 28 mars 1887.

Sénat. — Projet de loi de M. de Freycinet, ministre des affaires étrangères ; présentation eu son nom par M. Demôle, ministre de la justice, le 11 novembre 1886 (*J. off.* du 13, déb. parl., p. 1167), exposé des motifs (*J. off.*, déb. parl., déc 1886, p. 381). Déclaration d'urgence et adoption sans discussion le 28 janvier 1887, *J. off.*, 29 déb. parl. p. 55¡.

Chambre des députés. — Présentation par M. Flourens, ministre des affaires étrangères, le 4 fé-

Berne le 9 septembre 1886, concernant la création d'une Union internationale pour la protection des œuvres littéraires et artistiques, et les ratifications de cet acte ayant été échangées à Berne, le 5 septembre 1887, ladite Convention, dont la teneur suit, recevra sa pleine et entière exécution.

CONVENTION

Le Président de la République française; Sa Majesté l'empereur d'Allemagne, roi de Prusse; Sa Majesté le roi des Belges. Sa Majesté Catholique le roi d'Espagne et en son nom Sa Majesté la reine, régente du Royaume ; Sa Majesté la reine du Royaume-Uni de la Grande-Bretagne et d'Irlande, impératrice des Indes; le président de la République d'Haïti, Sa Majesté le roi d'Italie, le Président de la République de Libéria, le Conseil fédéral de la Confédération suisse; Son Altesse le bey de Tunis;

Egalement animés du désir de protéger d'une manière efficace et aussi uniforme que pos-

vrier 1887 (*J. off.* du 5, déb. parl., p. 309;) texte (*J. off.*, deb. parl. de juil. 1887, p. 300). Déclaration d'urgence et adoption sans discussion le 22 mars 1887 (*J. off.* du 23, déb. parl., p. 789).

sible les droits des auteurs sur leurs œuvres littéraires et artistiques,—ont résolu de conclure une convention à cet effet, et ont nommé pour leurs plénipotentiaires, savoir..... etc.

Lesquels, après s'être communiqué leurs pleins pouvoirs respectifs, trouvés en bonne et due forme, sont convenus des articles suivants :

ARTICLE PREMIER. – Les pays contractants sont constitués à l'état d'Union pour la protection des droits des auteurs sur leurs œuvres littéraires et artistiques.

ART. 2. — Les auteurs ressortissant à l'un des Pays de l'Union, ou leurs ayants cause, jouissent, dans les autres pays, pour leurs œuvres, soit publiées dans un de ces pays, soit non publiées, des droits que les lois respectives accordent actuellement ou accorderont par la suite aux nationaux.

La jouissance de ces droits est subordonnée à l'accomplissement des conditions et formalités prescrites pour la législation du pays d'origine de l'œuvre ; elle ne peut excéder dans les autres pays la durée de la protection accordée dans ledit pays d'origine.

Est considéré comme pays d'origine de l'œuvre, celui de la première publication, ou, si cette publication a lieu simultanément dans plusieurs pays de l'Union, celui d'entre eux dont la législation accorde la durée de protection la plus courte.

. . . .

ART. 4. — *L'expression « œuvres littéraires et ar-*

listiques » comprend les livres, brochures ou tous autres écrits ; les œuvres dramatiques ou dramatico-musicales, les compositions musicales avec ou sans paroles : les *œuvres de dessin, de peinture, de sculpture, de gravure ; les lithographies, les illustrations, les cartes géographiques :* les plans, croquis et ouvrages plastiques, relatifs à la géographie, à la *topographie,* à l'architecture ou aux *sciences* en général. Enfin, toute production quelconque du domaine littéraire, *scientifique ou artistique* qui pourrait être publiée par n'importe *quel mode d'impression ou de reproduction.*

Comme nous l'avons fait remarquer (voir chap. 1) la photographie n'était même pas nommément désignée dans cet article 4. La délégation suisse proposa de régler cette question ainsi que celle de la lithographie. La discussion occupa la Conférence outre mesure. La France et l'Italie témoignèrent le désir d'insérer la « photographie » après le mot « lithographie » parmi les œuvres protégées par la Convention. L'Allemagne s'y opposa, prétextant que le photographie n'est pas une œuvre artistique proprement dite comme la peinture, le dessin et la gravure.

Enfin la Convention déclara et stipula ce qui suit :

PROTOCOLE DE CLOTURE

.   .   .   .

ARTICLE PREMIER. — Au sujet de l'article 4, il est convenu que ceux des pays de l'Union où le caractère d'œuvre artistique n'est pas refusé aux œuvres photographiques s'engagent à les admettre, à partir de la mise en vigueur de la Convention conclue en date de ce jour, au bénéfice de ses dispositions. Ils ne sont d'ailleurs tenus de protéger les auteurs des dites œuvres, sauf les arrangements internationaux existants, ou à conclure que dans la mesure où leur législation permet de le faire.

Il est entendu que la photographie autorisée d'une œuvre d'art protégée jouit, dans tous les pays de l'Union, de la protection légale, au sens de ladite convention aussi longtemps que dure le droit principal de reproduction de cette œuvre même, et dans les limites des conventions privées entre les ayants droit.

.   .   .   .

ART. 8. — Le présent protocole de clôture, qui sera ratifié en même temps que la Convention conclue à la date de ce jour, sera considéré comme faisant partie intégrante de cette Convention et aura même force, valeur et durée.

En foi de quoi les plénipotentiaires respectifs l'ont revêtu de leur signature.

Fait à Berne, le neuvième jour du mois de septembre 1886.

(Suivent les signatures).

FIN

BIBLIOGRAPHIE

Bigeon. (A.). — *Annuaire-Formulaire* de la Société des Amateurs Photographes (*Paris*, 1893).

La Photographie devant la loi et la Jurisprudence. (*Paris*, 1892).

Brogi. — Sulla proprieta letteraria delle fotografie (*Firenze*, 1885).

Brogi. — In proposito della protezione legale delle fotografie. (*Roma*, 1885).

Bulloz (E.) et Darras (A). — La propriété photographique et la loi française (*Paris*, 1890).

Ferrari e Zambellini. — Principes et limites de la protection légale due aux produits photographiques (*Milano*, 1892).

Gargiulo (Aw.-F.-A). — Della proprieta fotografica (Roma, 1892).

Giesen. — La photographie au point de vue juridique (*Bruxelles*, 1892).

Niewenglowski (G.-H.). — Formulaire-aide-mé moire du photographe (*Paris*, 1894).

Grunewald. — Urheberrecht auf dem Gebiete der bildenden Kunst und Photographie (*Dusseldor* 1893).

Riston (Victor). — La photographie et l'espionnage devant la loi (*Moulins*, 1891).

Sauvel. — Des œuvres photographiques et de la protection légale à laquelle elles ont droit (*Paris*, 1880).

Wauvermans. — La photographie devant les tribunaux (*Bruxelles*, 1892).

Remarque. — Dans une bibliographie complète, il convient de comprendre les nombreux articles juridiques sur des points spéciaux et des hypothèses particulières, publiés dans différentes revues photographiques, notamment : le *Moniteur de la Photographie*, la *Photographie*, la *Photo-Revue*, l'*Hélios*, le *Photo-Club*, le *Paris-Photographe*, etc.

TABLE DES MATIÈRES

INTRODUCTION

LA LÉGISLATION FRANÇAISE ACTUELLE

PREMIÈRE PARTIE

LA PROPRIÉTÉ ARTISTIQUE DE LA PHOTOGRAPHIE.

DEUXIÈME PARTIE

QUESTIONS DIVERSES

TROISIÈME PARTIE
LÉGISLATIONS INTERNATIONALES

CHARLES MENDEL

118 et 118 *bis*, Rue d'Assas, PARIS

EXTRAIT DU CATALOGUE

DE NOTRE

COMPTOIR D'ÉDITION & DE LIBRAIRIE

BIBLIOTHÈQUE PHOTOGRAPHIQUE

Traité pratique de la préparation des produits photographiques, par Paul Ganichot, chimiste, 2 volumes pouvant être vendus séparément :

I. — *Préparation et usages des produits chimiques employés en photographie.* — Tous les produits et corps étudiés sont rangés par ordre alphabétique pour faciliter les recherches, 1 vol. 135 pages **1 50**

II. — *Préparations photographiques proprement dites.* — Etude et composition de tous les bains, formules et préparations en usage dans les procédés négatifs et positifs, 1 vol. de 120 pages **1 50**

La *Ferrotypie*, obtention directe des positifs à la chambre noire, par F. Drouin. Brochure avec gravures . . . . **1 »**

Traité pratique de Photographie, à l'usage des amateurs et des débutants, par Ch. Mendel. 1 vol. broché, 88 gravures **1 »**

LIBRAIRIE DE LA SCIENCE EN FAMILLE
118 et 118 *bis*, Rue d'Assas, PARIS

Deuxième Partie. — Epreuves positives, 1 vol . . . **1 50**

La *Santé par le Tricycle*, par le docteur Oscar Jennings; le tricycle pour les impotents, le tricycle dans le rhumatisme et la goutte, le tricycle dans l'obésité, la constipation, le diabète; le tricycle dans les maladies nerveuses, le tricyle et les préjugés, l'abus du tricycle. . . . . **2 »**

Éléments de Cryptographie (écriture secrète, écriture chiffrée, polygraphie, cryptologie, stéganographie) par A. L'Esprit. . . . . **» 60**

La *Science pratique appliquée aux arts industriels*, recettes, formules, procédés technologiques. Photocopie industrielle, par Tranchat. . . . . **1 »**

Conseils pratiques aux amateurs d'électricité, pour la fabrication économique des piles, allumoirs, accumulateurs, sonneries, appareils de sûreté, 3e édition, par G. Huche. . . . . **1 »**

Dictionnaire de Graphologie, par Antonin Suire, ouvrage contenant plus de 200 autographes, publié avec l'approbation de la Société de Graphologie.

1re partie : *Physiologie de l'Ecriture.* . . . . **1 »**

2e partie : *Dictionnaire graphologique* **2 50**

3e partie : *Biographies et Autographes* (sous presse).

Les *Machines à écrire*. Historique. — Description. — Etude technique des principaux systèmes, par F. Drouin. 1 vol. gr. in-8, jésus, nombreuses gravures et un spécimen en photogravure . . . . **1 »**

Petit traité de Droit usuel, par P. Coutant, avocat à la Cour d'Appel. 1 vol. br. **1 50**

NOS APPAREILS

ont obtenu une

MÉDAILLE

A L'EXPOSITION

UNIVERSELLE DE 1889

NOS PUBLICATIONS

ont été

couronnées par la

SOCIÉTÈ D'ENCOURAGEMENT AU BIEN

MÉDAILLE D'HONNEUR

DEMANDER LES CATALOGUES

9 782019 164683